Avoir 20 ans en 2020

Claudine Attias-Donfut
Martine Segalen

Avoir 20 ans en 2020

Le nouveau fossé des générations

Odile Jacob

15, rue Soufflot, 75005 Paris

www.odilejacob.fr

ISBN : 978-2-7381-5375-3

Avant-propos

Une première version de cet essai était en phase d'achèvement en février 2020 lorsque la pandémie de coronavirus s'est abattue sur le monde. Les analyses que nous proposions alors concernant la culture, le monde numérique, les valeurs et les façons de faire de la jeunesse, des jeunesses, constituent la toile de fond de l'ouvrage.

Alors que nous comptions achever ce livre en décrivant le paradoxe des relations intergénérationnelles qui, comme on le verra, articulent à un refus clair et net de la transmission l'existence de liens et de solidarités entre générations, nous avons finalement choisi de réfléchir dans le dernier chapitre aux positions politiques des jeunes, eux qui auront à prendre à bras-le-corps – c'est ce qu'ils souhaitent – les conséquences de la pandémie. La montée du mouvement écologiste comme celle de l'absentéisme aux élections municipales de juin 2020 interrogent en effet.

La violente secousse de cet *annus horribilis* et ses conséquences sur la jeunesse ne pouvaient évidemment être ignorées, et notre ouvrage a suivi, à travers la presse et les réseaux sociaux, les effets de la pandémie relatifs aux modes de confinement, aux conséquences économiques immédiates et futures qui concernent, parmi d'autres classes d'âge ou groupes sociaux, les vingtenaires.

La jeunesse s'est aussi trouvée sous les feux de l'actualité et nous l'avons observée au long des manifestations en faveur de la lutte contre le réchauffement climatique, les inégalités et le racisme. Au-delà de la sidération suscitée par les effets de la pandémie sur notre vie publique et privée, c'est la profonde coupure générationnelle, analysée au fil des pages sous ses aspects multiples et parfois surprenants, qui est au cœur de cet ouvrage.

INTRODUCTION

Les nouveaux vingtenaires à l'épreuve

« *OK boomer !* » Cette réponse ironique d'un jeune à son grand-père pour lui signifier qu'il ne comprend rien à l'époque contemporaine a fait le tour de la planète connectée. Si les vieux ne comprennent plus les jeunes, les jeunes ne peuvent plus faire fond sur le savoir des anciens pour comprendre le présent. Du côté des grands-parents boomers, c'est le même constat d'une rupture. Pas une rupture sur le plan affectif, mais une coupure de génération. En Afrique, terre du respect des anciens, on disait que lorsqu'un vieux mourait, c'était une bibliothèque qui disparaissait ; aujourd'hui, à la mort de grands-parents ou arrière-grands-parents, c'est un passé dépassé qu'on enterre.

Dire que chaque génération a sa spécificité propre, qu'elle a traversé des événements sociaux, culturels, économiques, politiques différents des autres générations relève des banalités sociologiques. Au XXIe siècle, cette coupure paraît cependant radicale si l'on résume schématiquement l'expérience des dernières générations qui nous précèdent.

Pour ceux qui sont nés juste avant 1900, à la dite Belle Époque, une guerre meurtrière et, s'ils en réchappent, une crise économique, puis une Seconde Guerre mondiale. Les progrès techniques n'ont jusqu'alors globalement concerné que le monde de l'industrie, laissant la majorité des femmes subir le poids de l'enfermement domestique ; on l'a appelée la génération perdue.

Pour ceux qui sont nés en 1920, pas même résorbés les effets dévastateurs de la supposée victoire de 1918, c'est la confrontation à une crise sociale et politique et à une nouvelle guerre qui laisse la France dans un état économique désastreux. Dans la tranche d'âge intermédiaire, ceux et celles qui sont nés en 1930, domine la question de ce qu'on n'appelle pas encore la « guerre » d'Algérie, tandis que l'avènement de la Ve République installe une stabilité politique qui contraste avec les crises à répétition de la IVe, avec un président qui fait corps avec le peuple : c'est la génération du labeur.

Pour ceux qui sont nés en 1945, tous les bénéfices des Trente Glorieuses leur sont acquis ; c'est la première génération d'Europe à ne pas connaître de guerre. Les jeunes fomentent la première révolution sociale avec « 68 » qui confortera la libéralisation des mœurs, l'amélioration des droits sociaux pour les ouvriers et marquera la fin d'une famille qu'on se plaisait à nommer traditionnelle. C'est la génération d'abondance au cours de laquelle l'ascenseur social se met en route vers la création d'une classe moyenne. C'est aussi une période particulièrement riche pour les femmes, qui voient s'ouvrir devant elles le marché de l'emploi (souvent tertiaire) et qui vont obtenir la maîtrise de leur corps par le droit à la contraception et à l'avortement.

La génération née en 1970 connaît les premières désillusions sociales ; elle verra l'arrivée de la gauche au pouvoir en 1981 puis de la droite qui ne chercheront ou ne pourront réussir à enrayer la désindustrialisation qui commence à fracturer la société et à freiner puis arrêter l'ascenseur social. Alors que la chute du mur de Berlin en 1988 semble marquer la « fin de l'histoire », se redessine la carte de l'Europe tandis que la mondialisation s'installe. Les jeunes adultes prennent conscience des difficultés économiques ; ils vivent pleinement la crise du sida. Après l'épisode encourageant du mouvement des Beurs, puis de SOS Racisme, la visibilité croissante d'une communauté musulmane dont certains membres semblent éloignés des valeurs françaises remet en question la cohésion nationale. Cette génération semble désenchantée.

Pour autant que ces générations aient expérimenté des contextes aussi divers, un substrat commun leur permettait cependant de se comprendre, de se parler. Avec la génération dernière-née, autour des années 2000, cet échange, ce partage commun semblent impossibles, car celle-ci porte un modèle culturel, un ensemble de références incompréhensible aux plus âgés, au propre comme au figuré. Elle évolue dans le contexte d'une société en fort vieillissement, souvent pentagénérationnelle en raison des extraordinaires gains d'espérance de vie. Mais tandis que ce quatrième âge pèse sur la société, jamais les vieux et les très vieux n'ont semblé aussi loin des jeunes adultes. En dépit des discours compatissants à l'égard de ceux qu'on nomme les aînés, ils apparaissent comme un fardeau en prévision des coûts liés à la prise en charge de ce qu'on nomme la « dépendance ».

De part et d'autre, la transmission semble plus difficile que jamais. Les plus vieux ont le sentiment qu'ils n'ont rien à donner à des jeunes qui, de leur côté, ne peuvent plus recevoir ou ne le veulent plus. Les histoires des guerres passées ne relèvent plus de la mémoire des jeunes. Du côté matériel, les goûts ont radicalement changé : pourquoi s'embarrasser du service en porcelaine qui a connu plusieurs générations quand Ikea offre des douzaines d'assiettes pour moins que rien ? Vider l'appartement de la grand-mère, certes, mais qui voudra de ses meubles ? On sait que les sites de revente font de belles affaires avec ce qui, autrefois patrimoine, n'est plus aujourd'hui que rebut dont il faut se débarrasser. Grand-père veut vous offrir des cours pour passer le permis de conduire, mais pourquoi obtenir ce qui autrefois était le sésame d'indépendance de la jeunesse, lorsqu'un taxi Uber bon marché permet de se déplacer ? Et pourquoi acheter une automobile lorsqu'on peut partager, pour le temps nécessaire, celle qu'un autre propose ici encore sur tel ou tel site de covoiturage ? Les habitudes se modifient : on ne veut plus posséder, mais user, louer dans le cadre d'une nouvelle économie dite collaborative. Airbnb[1] en est le symbole même.

Pendant longtemps, les générations se sont voulues et se sont vues dans la continuité des précédentes, développant le même idéal de prospérité familial et économique ; les jeunes gens aspiraient à ressembler à leurs parents. Avec les conflits de générations qui ont culminé en 1968, ce modèle a été fortement contesté. Aujourd'hui, alors que les relations sont apaisées, l'idée même de la continuité du modèle est repoussée. Les parents et grands-parents, les bienheureux de la croissance économique et du monde stable, sont accusés – pas tout à fait à tort – d'avoir consommé à outrance, mondialisé la planète et engendré une crise écologique dont les jeunes vont avoir à souffrir dans un futur proche.

Née avec Internet dans la main, vivant sur les réseaux sociaux, mue par des valeurs d'égalité sociale, cette génération « désenchaînée » avance non pas contre celle de ses parents, mais hors d'elle. Outre les désastres consécutifs au réchauffement climatique dont chaque jour apporte la preuve, ces vingtenaires, comme nous les appellerons au long de cet ouvrage, subissent les conséquences dramatiques de la mondialisation dont la vitesse de propagation de la pandémie du coronavirus est un triste exemple[2]. Parti d'un marché chinois, elle s'est répandue sur la planète, mettant à mal les échanges internationaux, la circulation des hommes et des biens, provoquant une crise économique d'ampleur. Pour ceux qui sont nés autour de l'an 2000, cette pandémie rend le futur totalement incertain au seuil de leur accession à la vie adulte ; ils ont devant eux une situation économique de crise, inédite, grosse de risques politiques graves. À eux de prendre à bras-le-corps le « monde d'après ».

Le politologue Jérôme Fourquet[3] a bien synthétisé les fondements sociaux, culturels et politiques de la rupture générationnelle dont il a vu dans l'élection d'Emmanuel Macron à la présidence de la République une illustration. L'accélération du processus de déchristianisation du début des années 1980 a pour corollaire l'effondrement des valeurs judéo-chrétiennes qui ont fourni le socle mental et le cadre sociopolitique de l'Occident jusqu'à ces dernières décennies, « élément fondateur et structurant, assurant l'armature psychologique, culturelle et sociologique du pays, en opposition au bloc républicain et laïc ». La disparition de cette matrice judéo-chrétienne a eu des conséquences importantes dans le domaine familial. À cette déchristianisation s'articule la formidable montée de l'individualisation qui demande toujours plus de droits individuels, qui s'affranchit des cadres institutionnels pour ne mettre en avant que le désir de chacun. À gauche, la crise a aussi été sensible, et, avec le déclin du communisme, s'est effondré l'autre pôle structurant de la société française. Jusqu'à la fin de l'année 2019, le contexte politique s'inscrivait dans une inquiétude nationale qui se manifestait dans de vastes mouvements sociaux, qu'il s'agisse des Gilets jaunes ou des grèves liées au projet de réforme des retraites.

Toutes les cartes ont été rebattues depuis le mois de mars 2020.

Les grands-mères que nous sommes tentent ici de voir comment leurs petits-enfants, désormais jeunes adultes, vivent ce présent et envisagent leur futur. De scruter les nouvelles façons de vivre et de faire, d'analyser la diversité sociale et culturelle de cette nouvelle génération, de mettre au jour les nouvelles valeurs dont elle est porteuse, souvent à rebours de celles de 1968. Ainsi de mieux comprendre le bagage avec lequel les vingtenaires vont affronter des lendemains qui ne chanteront pas.

Pour ce faire, nous analyserons d'abord une enquête conduite auprès de jeunes étudiants d'universités qui disent leurs étonnements, leurs inquiétudes, leurs certitudes et leurs espoirs. Puis nous montrerons les entrelacs complexes de la question des générations et de l'espace familial, avant de décrire la spécificité des comportements des jeunes dans divers champs sociaux. Mais la « jeunesse n'est qu'un mot », notait Pierre Bourdieu, et depuis cette constatation, tous les sociologues dits « de la jeunesse[4] », Olivier Galland en tout premier lieu, n'ont cessé de montrer la diversité de ce monde des vingtenaires, que nous décrivons, avec ses difficultés, ses engagements et ses dérives. Compte tenu des responsabilités qui vont incomber à cette génération, il s'agit en somme, dans ce livre, de comprendre la nature de son positionnement politique, clé d'un futur incertain.

CHAPITRE PREMIER

Un nouveau monde : les 17-22 ans

Pour mieux pénétrer ce continent inconnu, nous avons pu effectuer une enquête auprès d'étudiants. Elle a commencé sous la forme d'un dialogue intergénérationnel avec l'un de nos petits-fils, âgé de 20 ans, étudiant à Sciences Po en troisième année. Nous évoquions avec lui les questions capables de mieux faire ressortir la spécificité du groupe d'âge auquel il appartient. Sous les yeux étonnés et admiratifs des deux grands-mères, les questions, une fois discutées, furent rédigées dans un formulaire tiré d'un programme de traitement de données, qu'il adressa en un clic à tous les membres des groupes de travail avec lesquels il était en contact. Très réactifs, ces jeunes, en l'espace d'une journée, ont envoyé 138 réponses accompagnées de la rédaction de commentaires. Pour accroître le nombre de réponses et diversifier l'origine sociale des répondants, des collègues de l'université de Paris-Nanterre, de Metz-Lorraine, de Paris-Descartes, de Lyon-II ont fait passer le même questionnaire auprès de leurs étudiants de L1 et L2, L3, et quelquefois de master, ce qui donne accès à la partie la plus âgée de la tranche d'âge et dont les réponses accusent nettement la maturité[1].

Une enquête auprès d'étudiants en sciences humaines et sociales

« On est arrivés à un âge important ; nos actions risquent d'influencer ce qu'on va devenir ; on veut toucher à tout, tenter des choses nouvelles en oubliant les conséquences, ou au contraire, on ne prend pas de risques de peur de se mouiller. On se cherche encore » (une étudiante en L1 de sciences sociales à Paris-Descartes, 18 ans).

« Grosse déconnexion entre les *millennials* et les autres générations. On remet beaucoup en cause tout ce qui a été normativement établi auparavant : nous sommes donc en partie responsables mais le manque de compréhension et les autres événements récents/changement de cadre déstabilisent notre génération, qui se sent plus perdue que les autres » (un étudiant en L3 de sciences sociales à Paris-Descartes, 20 ans).

« Je pense que ce qui caractérise notre génération est ce changement. On sent le changement que ce soit le changement climatique, économique, ou/et sociétal. On sent la fin d'une période, celle de l'ancienne génération, la fin de l'essor économique et les conséquences qu'elle a aujourd'hui » (une étudiante en L3 de sciences sociales à Paris-Descartes, 20 ans).

« Je pense que notre génération est au milieu d'un énorme changement sur tous les domaines de la société et cela rend compliqué notre avenir et notre développement dans ce monde » (un étudiant en master de sociologie à Nancy, 20 ans).

Voici quelques-uns des commentaires qui résument rapidement l'ensemble des 610 réponses que nous avons reçues. Si les étudiants de Sciences Po étaient libres de répondre ou non au questionnaire du fait du mode de passation par Internet, les étudiants universitaires ne l'étaient pas. C'était un devoir imposé par l'enseignant, auquel ils se sont soumis bon gré mal gré. La forme matérielle sous laquelle se présentaient les questions a compté dans les réponses ; elles sont d'autant plus laconiques que les étudiants étaient appelés à répondre sur papier libre à l'énonciation orale des questions ; en revanche, si une feuille avec les questions préimprimées était distribuée, les réponses étaient argumentées et ce d'autant plus lorsqu'un cadre vide en bas de page invitait à un commentaire libre. Beaucoup s'en sont servis pour développer leur pensée. Certains pour critiquer le questionnaire, parfois pour se défouler, parfois pour menacer la société.

En tant que membres de la vieille génération, nous n'avions alors pas pris en compte l'importance des questions de genre. Ainsi, notre mention de « sexe » nous a valu des rappels à l'ordre. « C'est bizarre de dire sexe et pas genre », nous fait remarquer une étudiante de Paris-Nanterre en L2, 23 ans ; une autre (Paris-Nanterre, L1, 20 ans) nous introduit aux nouvelles formulations en répondant : « Sexe féminin : genre non binaire. » Un étudiant de Lyon-II en histoire est plus direct : « "Quel est votre genre" serait mieux » et ajoute : « Pourquoi voulez-vous savoir ce qu'il y a dans mon caleçon... je suis un mec. » Un autre (Paris-Descartes, 20 ans) indique qu'il est « *genderqueer* », et un autre encore répond : « Je présume être un homme. » Ces remarques sont en rapport avec l'intérêt très manifeste pour les nouveaux mouvements relatifs à la défense des minorités sexuelles. C'est surtout la question concernant la notation sur une échelle de 1 à 10 relative au degré d'optimisme ou de pessimisme qui est l'objet de plusieurs critiques, même si elle a occasionné nombre de réponses intéressantes : « Les questions ne sont pas très bien construites, voire pas du tout. Savez-vous ce que mon 04 [note qu'il a donnée] représente ? Moi oui, vous non, les questions ne sont pas ouf donc. Le CM de M. XX [nom de l'enseignant] vous aidera la prochaine fois » (étudiant de Paris-Descartes, L2, 20 ans). Un autre salue nos efforts par un « Bon courage pour votre enquête » et ajoute un « RAS » moqueur, mais une jeune femme de 18 ans (Paris-Descartes, L1), elle, écrit : « Merci » et une autre signale que le questionnaire l'a fait réfléchir. Enfin, il permet de faire ressortir angoisses et frustrations. Un désabusé de 18 ans, étudiant en histoire à Lyon-II, vide son sac et écrit : « On prend pas soin de la planète. On est égoïste. On n'est plus solidaire.

Vive le mariage pour tous. Le niveau d'études devient trop exigeant. La religion est source de conflit. »

Nous avons dépouillé toutes ces réponses, laconiques ou développées, avec grand intérêt, mais aussi avec l'œil critique d'octogénaires qui, dans leur enfance, devaient encore passer un examen pour être acceptés en sixième et au lycée d'alors, et notamment subir la redoutable dictée. Dans nos écoles, dès l'âge de 10 ans, nous y avions acquis l'orthographe. Les réponses à ces questionnaires illustrent le phénomène, maintenant bien identifié, de la chute du niveau de l'orthographe qui caractérise la génération de ces jeunes de 20 ans. Or, rapporte la journaliste Marine Miller[2], l'orthographe et les compétences rédactionnelles restent très discriminantes ; elle observe que les étudiants évoquent un rapport douloureux à l'écrit lors de dictées ou de dissertations au lycée. Des cours d'orthographe sont d'ailleurs proposés dans certaines universités. Non seulement le niveau d'orthographe des répondants est très bas, mais il semble que la relecture orthographique ne requière pas leur attention, car elle laisse passer les fautes les plus grossières ; dans l'ensemble l'orthographe relâchée, mariée à une graphie souvent illisible, donne l'impression que la forme n'a plus aucune importance, ce que l'on peut vérifier avec le développement des SMS et textos. Heureusement, il n'en reste pas moins que ces réponses, si mal orthographiées et calligraphiées soient-elles, permettent d'entrer un peu mieux dans la tête de ces vingtenaires.

Caractériser sa génération

On peut aussi reprocher à notre première question « Quels sont les événements et/ou les changements sociaux qui caractérisent votre génération ? » d'être trop vaste, mêlant différentes possibilités de marqueurs historiques. Dans l'ensemble, quel que soit leur lieu d'études, les réponses relatives à des événements précis sont rares : pêle-mêle, on cite la Coupe du monde 2018, l'élection de Trump, de Barack Obama, les attentats de *Charlie Hebdo*, Michael Jackson (peut-être une réponse de dérision), le passage à l'euro, le 11 septembre 2001, la crise de 2008. Ce sont les changements au long cours de la décennie écoulée qui les ont le plus marqués. Quelle que soit leur formation, ces jeunes manifestent un solide consensus autour de trois thèmes : les nouvelles technologies et la montée d'Internet, qui est la première réponse, massive, en association avec la mention des smartphones et des réseaux sociaux, loin devant tout ce qui se réfère au dérèglement climatique et, enfin, loin devant aussi, mais omniprésente, la question relative aux nouvelles identités sexuelles, auxquelles on associe la transformation des mœurs, le mariage pour tous, la plus grande liberté sexuelle. On peut y joindre la fréquente mention des mouvements féministes, de l'égalité homme/femme. Rappelons d'ailleurs que dans les formations enquêtées, à l'université, on relève une forte dominante du sexe féminin. Certaines réponses mentionnent dans le même ordre d'idées les nouvelles pratiques sexuelles – marquées par une précocité plus grande – et culturelles avec la multiplication des sorties entre pairs. Se dessine une conscience générationnelle d'une nouvelle forme de relations entre les sexes, associée à une culture spécifique de loisirs, faits de sorties, de pratiques alimentaires ou musicales, de formes de mobilité, de codes langagiers qui leur est propre. Ces nouvelles cultures sont indissociables d'Internet et des réseaux sociaux, qui sont apparus il y a maintenant vingt ans. Une jeune étudiante écrit : « Je suis née avec Internet. » Eux qui en sont les plus gros utilisateurs portent toutefois un regard critique, mentionnant fréquemment et de façon paradoxale une dérive vers l'individualisme, voire la solitude : « Les changements sociaux caractérisant notre génération sont le fléau des téléphones mobiles, l'Internet, la dépendance et la seconde vie virtuelle sur les réseaux sociaux, le narcissisme des gens pour les photos et les vidéos, les idées de travailler et les modes d'influenceurs impactant notre conduite, nos attitudes, style d'habillement et mode de vie. C'est la génération de l'apparence à proprement parler et la vie imaginaire », écrit une jeune fille de 19 ans, en L1 à Paris-Nanterre. Un autre étudiant en master à Nancy : « Les réseaux sociaux entraînent une société basée sur le paraître » ou imposent des normes. Un autre encore, 21 ans : « Il devient de plus en plus difficile de communiquer avec des gens qui ne nous ressemblent plus vraiment, on doit sans cesse faire attention à ce qu'on dit. » Bref, la plupart sont bien conscients des conséquences très négatives de cette addiction. « Importance des réseaux sociaux, et donc baisse des relations sociales », résume brutalement une jeune femme de 18 ans, en L1 de sociologie à Lyon-II.

En dehors de ces trois thèmes dont la mention est la plus fréquente, une grande variété de réponses aborde les questions de fond relatives à la société démocratique. Un premier ensemble peut être regroupé sous le thème de la perte de valeurs : délitement des solidarités ; absence d'engagement ; désagrégation des idéaux communs ; nouveau désenchantement ; quête de sens ; questions identitaires ; perte (ou absence) de figures d'autorité ; déclassement social. Un deuxième ensemble se rapporte à la crise de la démocratie, avec la montée des populismes, les questions identitaires, la perte des acquis sociaux, la désillusion face au capitalisme et la nécessité d'un changement de système, la montée des inégalités, l'individualisation, l'ubérisation de la société, le déclin de la lecture, la baisse du QI. Les questions politiques au sens le plus général inquiètent à travers la montée des personnalités autoritaires, des totalitarismes. C'est dans cet ensemble qu'il faut situer les fréquentes mentions du terrorisme, des violences policières, du racisme. Elles tracent le sentiment d'une société fracturée, violente : si certains parlent d'une « bêtise de la société », d'autres mentionnent « un monde hypocrite », voire un effondrement sociétal. En révolte, un des étudiants prévient : « Nous ne vous laisserons pas tranquilles. » La crise de la démocratie engendre une défiance à l'égard du pouvoir politique, qui est pensé incapable de résoudre l'ampleur des problèmes contemporains et à venir dans les cinquante prochaines années, celles de la vie de ces jeunes.

Un troisième ensemble porte sur l'environnement international, l'instabilité mondiale, les risques de conflits, le Brexit, les guerres, les crises migratoires, incluant de rares thèmes à connotation positive comme l'altermondialisme ou l'ouverture culturelle. À noter que dans les réponses à notre première question, on ne relève que très peu de mentions directes au chômage, à l'exception d'un groupe d'étudiants, mais cette préoccupation qui ressort fortement dans les réponses à notre deuxième question est incluse dans la mention de la crise économique.

On pourrait reprendre cette typologie, rapidement esquissée, en distinguant ce qui relève d'une évaluation générale des faits du passé, appartenant au politique, et d'autres thématiques qui ont un impact sur la vie quotidienne de l'étudiant. Ainsi, les inquiétudes qui soulignent la constatation de la montée des totalitarismes ne sont pas de même nature que celles qui se rapportent à la perte des acquis sociaux. Cependant certaines d'entre elles sont dans un entre-deux, lorsqu'est mentionnée par exemple la « désagrégation des idéaux communs » : il s'agit d'un sentiment relatif à l'espace social, mais probablement ressenti au niveau individuel. Si l'on s'inquiète des conséquences du réchauffement climatique au titre de son mode de vie, c'est à travers les problèmes économiques qui risquent d'impacter le plus immédiatement la société dans son ensemble.

L'expression « prise de conscience », ou « réveil des consciences », revient très souvent dans les réponses – comme si un rideau se déchirait devant les yeux de ces jeunes quelque peu submergés par les responsabilités qui les attendent. En énumérant les « défis » auxquels ils ont à faire face, ils montrent l'ampleur des tâches, tout en cherchant à situer leur destin personnel dans ce nouveau contexte mondialisé qui les dépasse. La prise de conscience s'affirme contre la génération d'au-dessus ou, en tout cas, dans une mise à distance. Un étudiant en L1 à Paris-Nanterre : « Notre génération est différente des autres notamment grâce à la technologie, l'évolution des mentalités en particulier avec les femmes (même si ce n'est pas parfait) et la communauté LGBTQ+ » et, au titre des défis, il énumérera les mêmes éléments, tout en ajoutant qu'il faut « de plus, sauver la planète ». Lister les défis qui les attendent, c'est souligner l'imprévoyance des aînés, et notamment des politiques. Une étudiante en master à Nancy, 23 ans : « On doit faire face à des politiciens ancrés dans le métier depuis trop longtemps et qui refusent d'écouter les jeunes sous couvert de leur âge ; par exemple comment Greta Thunberg a été accueillie quand bien même elle ne se basait que sur des faits scientifiques. » Une autre met en cause « la vision des plus âgés sur les questions multiculturelles ».

Leurs défis contemporains

Les réponses à notre deuxième question « Quels sont les défis auxquels votre génération doit faire face ? », complémentaire de la précédente, permet de dégager ce que les jeunes considèrent comme prioritaire. Sans surprise, au titre des défis, et en réponse à leur prise de conscience, ce sont toutes les questions autour du dérèglement climatique qui sont, et de très loin avant le reste, citées. À ce titre, l'explosion démographique (aggravant les risques écologiques) et le vieillissement de la population (aggravant les problèmes de financement) sont mentionnés le plus souvent par les étudiants de Sciences Po. En revanche, l'emploi, le chômage, la précarité sont bien plus souvent mis en avant, souvent en seconde position sur leur liste, par les étudiants universitaires. De fortes inquiétudes s'expriment quant à l'évolution technologique et les difficultés d'en maîtriser les conséquences. Paradoxalement, ceux-là mêmes qui sont les plus gros consommateurs de réseaux sociaux s'interrogent sur l'émiettement de la société, réclament plus de solidarité, alors qu'en adhérant aux mêmes certitudes, ils ne font que conforter le repli des identités sur elles-mêmes. Enfin, en troisième lieu, est mentionné ce qui relève de questions politiques, avec la montée des extrêmes et la question du terrorisme. Même dans le domaine domestique, tout semble devoir être inventé : une étudiante de Nancy en master de 22 ans écrit ainsi : « Notre génération est poussée à faire des études, mais ne connaît pas forcément les bases de la vie, nous ne sommes pas autonomes ; il y a de nombreux défis comme savoir faire à manger, bien choisir nos aliments, nous ne sommes pas assez sensibilisés, nous devons apprendre de nous-mêmes à se renseigner sur la nourriture, sa provenance. » Encore plus concrètement, cette étudiante de 22 ans en M2 à Nancy : « Un autre défi : savoir jardiner pour être autosuffisant. Un défi économique : privilégier la récupération, ne pas jeter afin de pouvoir s'en sortir financièrement, se rendre des services (faire du "troc" de services) ; défi environnemental : apprendre à bien trier, faire attention à mes gestes afin de préserver au mieux la planète. Défis de l'autosuffisance afin de se préparer à un potentiel effondrement. »

Les défis paraissent principalement d'ordre mondial : les jeunes ont conscience des liens étroits entre les problèmes liés à l'environnement, au politique et à l'économique comme au culturel. Ils soulignent les graves dangers qui menacent les populations, aussi bien d'ordre naturel qu'humain (menaces d'extrémisme, de violences contre des minorités, contre des migrants…), avec le spectre de guerres à venir, de déclin ou d'abandon de la démocratie, de retour à l'autoritarisme, de graves crises financières, de déclin culturel et d'effondrement de la société actuelle.

Sont également posées les questions d'ordre éthique, sur la fin de vie, sur la PMA ou la GPA (considérées comme une remise en question de la filiation), sur les dangers de pratiques eugéniques. Face à ces défis, ils savent qu'ils auront à innover mais sans filet, sans référence, puisque celles des générations précédentes sont caduques. Implicitement ou explicitement, les générations passées sont jugées responsables des dégâts auxquels les jeunes doivent faire face aujourd'hui. Une jeune femme en M1 à Nancy, âgée de 25 ans, met directement en cause la capacité ou même le désir des générations aînées de changer la société, de prendre les mesures nécessaires ; elle écrit : « Les thèmes défendus par notre génération, écologie, environnement, souffrance animale ne le sont pas par les plus âgés, qui sont climatosceptiques ou simplement se sentent non concernés. »

C'est à l'aune de ces considérations qu'ont été dépouillées les questions relatives au sentiment de proximité avec les générations plus âgées. Répartissant les réponses concernant le fait de se sentir « proche des 40-50 ans », ou non, les jeunes dans leur majorité répondent négativement, mais dans une proportion de 1 sur 3 positivement, souvent en faisant référence à leur propre famille. La grande majorité des étudiants, plus des deux tiers, se disent assez peu ou pas du tout proches de la génération de leurs parents. Une coupure des générations apparaît ici dans la distance que les jeunes expriment à l'égard de leurs prédécesseurs, sentiment largement étayé par leurs critiques plus ou moins implicites du lourd héritage social et écologique qui marque le monde dans lequel ils vivent. L'enquête révèle à quel point cette jeunesse est consciente des profondes mutations sociales qui caractérisent sa génération, des dangers et des défis auxquels elle doit faire face. Une conscience aiguë qui ne lui semble guère partagée par la génération antérieure, à tout le moins pas avec cette intensité. Cela peut-il contribuer à expliquer la faible proximité que ces jeunes éprouvent à l'égard des 40-50 ans ?

Pessimistes ou optimistes, les vingtenaires ?

Pour conclure le questionnaire, il était demandé à l'étudiant de noter sur une échelle de 1 à 10 s'il était pessimiste ou optimiste. De la lecture des réponses aux deux questions précédentes, se dégage une impression de pessimisme dominant. Cependant les jeunes eux-mêmes ne se jugent pas particulièrement pessimistes. Les réponses oscillent entre 2 et 10, mais la majorité donne des notes intermédiaires : la moyenne de l'ensemble des notes est 5. Les quelques commentaires libres donnés aux réponses à cette question montrent comment un sombre tableau de la réalité et des risques de catastrophes peut être associé, pour certains, à une certaine confiance dans des possibilités d'avenir et donc à un optimisme mesuré. Il faut, à ce sujet, distinguer les réponses des étudiants de Sciences Po en troisième année de celles des étudiants d'université, dont les réponses sont sensiblement différentes selon leur âge.

Sont articulées les préoccupations globales concernant le destin de la planète et le souci de son propre destin, qui est très présent dans les réponses des étudiants de L1 de Nanterre, dont le ton est dominé par un pessimisme global. Une jeune femme de 17 ans indique : « Selon moi, notre génération est destinée à vivre correctement, ou plus mal. En France, on ne nous donne pas les opportunités pour s'élever dans la société. Notre génération, la jeunesse n'a plus grand-chose à tirer de ce pays, comme les générations précédentes. 6/10 [la note qui qualifie son degré de confiance] nous pouvons avoir un avenir stable, mais pas glorieux pour la majorité = pessimiste. » Seuls les militants peuvent faire part d'un certain optimisme ; on les repère à la clarté du déroulé de leurs idées : « Notre génération doit faire face à la montée du fascisme, violences islamophobes, antisémitisme, banalisation des idées d'extrême droite, repli identitaire, antiféminisme, le néolibéralisme qui met à mal nos acquis sociaux, nos services publics, notre démocratie, et qui précarise les travailleuses et les travailleurs. » C'est un véritable catalogue politique, et l'on peut penser que l'on a affaire à un jeune militant, car il est un des rares à évoquer un « optimisme partiel car il y a une repolitisation de gauche relative des jeunes », ce qui lui permet de donner la note de 7 sur 10 (mais de 2 sur 10 quand il déprime). Le questionnaire n'a pas déplu à tous les étudiants puisqu'un autre s'en empare pour construire un discours qui légitime la note de 8 donnée en réponse. Cette personne qui se désigne comme *genderqueer* a utilisé les réponses à l'enquête pour construire tout un argumentaire. Elle ne répond à la première question qu'indirectement, en établissant un diagnostic sociopolitique : « 1) la remontée des mouvements d'extrême droite et eugéniques au pouvoir ; 2) la précarisation grandissante des populations déjà vulnérabilisées de par la libéralisation des moyens de communication ; 3) la visibilisation grandissante parallèlement à 1+2 des luttes et revendications ; 4) la convergence 1.2.3. en un sentiment général de bombe à retardement. » Après cette analyse viennent les défis : « L'entêtement à s'accrocher à un *statu quo* inadéquat à la réalité par les générations précédentes ; la peur, angoisse (source invisible) générée par la surinformation ; l'écart grandissant entre langage académique et populaire à cause de la sélection ; déconstruire les *a priori* hérités de la génération précédente par la nôtre sans aliéner. »

Quant à s'inscrire sur l'échelle pessimisme/optimisme, « 8 par choix car une approche critique de la société et l'activisme n'engendrent que la souffrance sans espoir » ; puis un long commentaire, sorte de méditation intime, figure en bas de page : « La tension discutée ici par ce qu'elle n'est visible qu'aux personnes concernées et donc plus propice à laisser paraître une détresse reste ridiculisée et minimisée. J'en invoque, par désemparement, le poème de Martin Niemöller[3], et je sais que cela peut très facilement être accusé de dramatisation par exemple. On n'écoute qu'une fois que l'on perd notre confort personnel, et souvent, c'est à partir de ce moment-là que l'on ne nous entend plus. "*OK boomer*" n'est que la synthèse de tout ce mal-être et la compréhension d'à quel point nous sommes dépassé(e)s sans pour autant trouver de solutions. Nous avons compris que nous ne serions pas compris(e)s par ignorance volontaire[4]. »

Une sorte d'avertissement en somme.

Le souci de l'avenir personnel se mêle aux craintes plus générales pour le futur. Un jeune homme de L3 Paris-Descartes espère « trouver un job facilement ». Un garçon de 21 ans, en master 1 de sociologie à Metz, élabore davantage son argumentaire : « Trouver sa place, pour se démarquer des autres ; on doit faire face à plein de problèmes causés par nos aînés comme l'environnement ; le changement de mentalités sur beaucoup de questions (homosexualité, racisme, la tolérance). » Très pessimiste, il convoque la note de 2 et commente : « Aujourd'hui on n'a aucune certitude pour l'avenir, il faut constamment se battre pour trouver sa place, rien n'est stable. La puissance de l'argent n'est que plus forte et les problèmes liés à notre gestion de l'environnement ne font qu'augmenter. Moi personnellement tout ça me rend très stressé et je me sens obligé de me plonger dans mes passions (jeux vidéo, foot, dessins, et la famille) pour fuir la réalité. » Une jeune femme de 18 ans (étudiante à Lyon-II en sociologie) dissocie son avenir personnel pour lequel elle est relativement optimiste (7-8) de l'avenir (6) et lance un appel général : « Allez en manif ! Affirmez-vous ! »

Un relatif optimisme est corrélé à la possibilité ou la volonté de s'engager pour agir. Alors que le pessimisme est le propre des générations aînées en ce XXIe siècle, la jeunesse, lucide, semble vouloir faire face aux problèmes que les vieux ont causés. Agir pour réparer en associant son destin personnel à celui de la planète. Les étudiants de troisième année de Sciences Po savent qu'ils disposent déjà de perspectives personnelles d'avenir dont ne bénéficient pas tous les jeunes des universités. Ainsi : « Je ne me sens pas spécialement pessimiste ou optimiste sur l'avenir étant donné tout ce qu'il y a à réparer, mieux préparer, changer, prévenir... Cependant je crois à la sensibilisation et j'espère que notre génération vivra ses bienfaits. » Un autre : « Le "10" attribué à la confiance vient de ma foi à m'accomplir, qui est un ingrédient fondamental de la réussite. »

Comparés à leurs homologues européens, les jeunes Français sont parmi les plus pessimistes, et cela depuis longtemps, comme le faisait ressortir une enquête conduite à la fin des années 2000[5]. Fatalisme, peu de confiance en l'avenir et dans la possibilité d'orienter le cours de sa vie dans un sens favorable, telles étaient les caractéristiques de leurs réponses, à l'opposé de celles des jeunes Danois. Ainsi Olivier Galland, le grand spécialiste de la jeunesse, notait[6] : « Ce pessimisme hexagonal est alimenté par une profonde crise de confiance dans les institutions et les élites, mais aussi par une sorte d'"hyperconformisme" des jeunes, qui les conduit à une forme de résignation, comme si leur sort était écrit à l'avance, sans qu'ils puissent orienter le cours de leur vie dans un sens favorable. Les Français sont les moins nombreux à penser qu'ils ont une liberté et un contrôle sur leur avenir ou à estimer que les "gens de leur pays" peuvent choisir leur propre vie. »

Finalement, le commentaire de cette jeune femme de 22 ans résume bien le mélange de pessimisme et d'optimisme de certains jeunes : « On est un peu une génération avec la conscience que les choses vont empirer sur le plan social et écologique, mais j'ai espoir qu'on puisse vivre le changement et qu'on puisse participer à transformer, refonder le système. Je suis plutôt optimiste pour mon avenir personnel, appartenant à une catégorie sociale dominante, mais pessimiste face à l'évolution de nos sociétés que je vois devenir de plus en plus inégalitaires, d'où la note ci-dessus (6). »

Une génération traversée de profondes inégalités sociales et économiques

Avoir 20 ans en 2020 ne signifie pas la même chose pour tous et toutes si l'on examine la structure socio-économique de ce groupe d'âge. Coexistent plusieurs jeunesses françaises, plus ou moins éloignées entre elles en fonction de leurs origines sociales et de leur parcours de formation. Au-delà des convergences estudiantines mises en avant dans l'enquête, les jeunes de 20 ans constituent une classe d'âge hétérogène. Au 1er janvier 2019, 11,7 millions de personnes résidant en France ont entre 15 et 29 ans, habillage large de la génération que nous étudions, soit 17,4 % de la population totale ; 6,2 % ont entre 15 et 19 ans et 5,6 % sont âgés de 20 à 24 ans. Dans ces univers d'âge, plusieurs catégories distinctes de jeunes se côtoient, sans créer véritablement un ensemble générationnel. Les inégalités, les diversités et les contrastes au sein de la jeunesse y sont en effet plus marqués que dans les générations précédentes.

Les inégalités commencent dès l'école, et les conséquences s'en font sentir tout au long de la vie, et surtout au moment charnière de l'accès à l'emploi. Selon la Direction de l'évaluation, de la prospective et de la performance, en 2004, à l'entrée en sixième, « seuls 30 % des entrants ont une maîtrise de la langue écrite correspondant aux objectifs assignés par le ministère à notre enseignement primaire ; à l'autre pôle, 15 % n'ont pas les compétences requises pour suivre une scolarité secondaire ; et parmi les 55 % restants, un élève sur deux dispose de compétences qui sont loin de lui assurer une scolarité normale au collège[7] ». À la suite de cette constatation politiquement et socialement coûteuse, une grande loi de programmation a été lancée en 2005. L'évaluation des compétences conduite en 2018 n'est guère plus encourageante : 71,2 % des élèves de sixième ont une maîtrise satisfaisante des connaissances et des compétences en français[8], avec des écarts considérables selon les collèges. Comment une partie des élèves suivrait-elle une scolarité secondaire sans disposer de ces prérequis, si doit prévaloir sur toute autre considération l'objectif politique de faire coexister tous les élèves dans les enseignements fondamentaux du « socle commun[9] » ? L'ouvrage *Entre les murs*, devenu rapidement un film à succès[10], montre les difficultés rencontrées par les élèves dans les exercices de rédaction qu'ils réalisent en classe ; ils sont loin de maîtriser l'écriture correcte au moment d'aborder la dernière année de collège, « ce qui fait plus ou moins entrevoir leur compétence définitive… Aucune communauté de l'écrit ne s'est soudée au collège[11] », remarque Nelly Wolf, spécialiste des liens entre littérature et démocratie, auteure d'un livre sur la représentation de l'écrit populaire dans la littérature. De même, le film *La Vie scolaire*[12] illustre les décalages entre les attendus de l'école et les savoirs des élèves d'un collège de banlieue.

La démocratisation de l'enseignement secondaire a eu néanmoins des effets bénéfiques à long terme ; une étude comparant des trajectoires professionnelles de générations suivies de l'âge de 15 ans à l'âge de 32 ans a montré que les générations ayant continué leur scolarité dans un lycée sont moins exposées au chômage et ont un taux d'emploi significativement plus élevé entre 27 et 32 ans que les générations nées plus tôt n'y ayant pas eu accès. Le surcroît de formation dont ont bénéficié les personnes nées de 1966 à 1973 a eu un effet positif sur leur destin professionnel[13]. Toutefois, les inégalités de niveau parmi les élèves, au cours de leur scolarité, restent particulièrement fortes en France, entre l'excellence des meilleurs et le faible niveau des derniers ; le taux d'échec scolaire est important ; les inégalités de performance entre les élèves y sont plus marquées que dans la plupart des pays européens, comme le montrent les enquêtes régulières PISA (Program for International Student Assessment)[14]. Chaque année 100 000 jeunes quittent le système scolaire sans avoir obtenu un diplôme. Ils et elles sont les plus exposés au risque de pauvreté.

Ainsi, parmi les diverses jeunesses qui coexistent en France, la ligne de démarcation la plus évidente se situe entre les diplômés et les non-diplômés qui connaissent, selon Olivier Galland[15], des destins de plus en plus divergents : « Le désavantage relatif des jeunes Français non diplômés s'est accru jusqu'au milieu des années 1980 et se maintient depuis à 2 contre 1 par rapport à l'ensemble des jeunesses. » Comment expliquer l'écart croissant entre les chances sociales des deux jeunesses ? Des causes conjoncturelles, d'abord, de nature économique, ont entraîné au niveau européen une augmentation du chômage. Et comme toutes les enquêtes le montrent, ce sont surtout les nouveaux entrants sur le marché du travail qui en ont supporté les fluctuations. Toutefois, les difficultés des jeunes non diplômés sont plus ou moins marquées selon les pays. Dans ce domaine, les jeunes Français ne sont pas les plus favorisés : leur situation est intermédiaire entre celle des pays du sud de l'Europe où les jeunes connaissent un désavantage relatif très marqué et celle de l'Allemagne ou du Royaume-Uni où leur situation est plus favorable. Jouent aussi des facteurs de nature plus structurelle. L'état actuel de l'économie des pays développés se caractérise par une désaffection croissante pour le travail non qualifié et c'est bien de cela que souffrent les jeunes sans diplôme : dépourvus de qualification, sans expérience professionnelle, ayant parfois des difficultés d'adaptation aux situations de travail, ces jeunes ne présentent pas un profil attractif pour les entreprises.

Ce pessimisme caractéristique de la jeunesse française est à attribuer à l'importance des classements dans la culture française, et notamment les classements scolaires. Les études en France sont d'abord conçues comme une échelle stratifiée où le niveau compte plus que le contenu. Le diplôme est moins conçu comme un investissement humain que comme « un titre de noblesse qui confère des droits et l'accès à une place donnée dans la hiérarchie sociale[16] ». On connaît les débats récurrents autour de la réforme du bac, qui apparaît comme un rite de passage majeur pour marquer l'entrée dans un autre âge, scandé par les hurlements de joie des nouveaux bacheliers et les sanglots de ceux qui n'ont pas sauté la barrière. À l'occasion de la pandémie de Covid-19, le bac étant accordé sur les notes validées par un jury d'admission, on a entendu certains se plaindre d'être privés de ce moment d'émotion hors des routines quotidiennes. D'autres redoutent que le bac sans épreuves écrites ou orales ne soit un examen au rabais. La dernière année du bac « avant la réforme » se termine de façon douce-amère pour les élèves de terminale.

Le premier principe discriminant, c'est donc ce qui sépare les étudiants des jeunes qui sont déjà engagés sur le marché de l'emploi. Ces quinze dernières années ont été marquées par l'accélération de l'entrée massive des jeunes dans l'enseignement supérieur, mais plus de la moitié n'y a pas encore accès : en 2015, 53,3 % des jeunes âgés de 15 à 29 ans sont sur le marché du travail en France, 43,2 % occupent un emploi et 10,1 % sont au chômage ; 1 sur 2 âgés de 15 à 24 ans est en contrat temporaire contre moins de 1 sur 4 entre 25 et 29 ans[17]. Au 1er janvier 2017, le taux d'emploi des jeunes était de 44,6 % chez les 15-29 ans, les emplois aidés concernant les plus jeunes ; 16,5 % des actifs âgés de 15 à 29 ans sont au chômage ; 380 000 jeunes sont en formation ou en apprentissage, soit 4,9 %[18]. Si l'on compare la situation française à celle d'autres pays européens, la différence s'avère ici encore très marquée entre les pays du Nord qui connaissent un taux d'emploi bien supérieur pour les jeunes de 15 à 24 ans – 60,8 % aux Pays-Bas, 50,1 en Grande-Bretagne et 45,3 en Allemagne – et les pays du Sud, dont le taux est de 17,9 en Espagne et 15,6 en Italie, la France affichant un taux de 27,9.

En France, le critère du niveau de formation devient ainsi de plus en plus discriminant pour l'accès à l'emploi. Si avoir un diplôme ne suffit pas à l'assurer, il devient une condition indispensable. Il n'en était pas de même il y a trente ans : les jeunes sans diplôme pouvaient alors trouver beaucoup plus facilement des emplois, et notamment dans le domaine de l'industrie. La désindustrialisation en a détruit un nombre considérable, et les jeunes sans diplôme se voient concurrencés par les jeunes qui en ont un. Non seulement les jeunes Français sans diplôme occupent de moins en moins souvent des emplois qualifiés, ce qui n'est pas une surprise, mais encore moins souvent des emplois non qualifiés, ce qui était possible encore il y a trente ans. Les emplois peu qualifiés ont disparu et, de plus, sont souvent occupés par des jeunes diplômés qui s'estiment contraints de les prendre, même s'ils sont en dessous de ceux qu'ils espéraient pouvoir atteindre grâce à la poursuite de leurs études. Nos enquêtés expriment souvent leur amertume à l'idée de ne trouver qu'un emploi en dessous de la valeur de leur diplôme.

Ceux que l'on regroupe sous l'acronyme des NEET (*Not in education, employment or training*) sont les jeunes (15-29 ans ou 15-34 ans, selon les études) qui ne sont ni en emploi, ni en formation, ni en études, selon la définition de l'OCDE. En France, ils seraient désormais 2,85 millions à se retrouver dans cette situation en 2018. Les jeunes issus de l'immigration ont plus de risques d'être exclus du marché du travail. Le taux de chômage et la qualité des filières éducatives jouent sur le taux de NEET[19] et l'on se heurte ici aux insuffisances des formations professionnelles à l'égard des jeunes les plus en difficulté. Les taux français vont bien au-delà des chiffres enregistrés par nos voisins : en Allemagne, Suède et Suisse, la proportion de 15-34 ans dans ce cas est de 7 % pour les natifs et 10 % pour les personnes issues de l'immigration[20]. Les conséquences de cette situation sont très lourdes. De fait marginalisée, cette jeunesse-là se sent rejetée par la société et en retour la rejette. Si elle partage en partie les valeurs de liberté et d'autonomie exprimées par nos enquêtés, elle ne croit pas à l'égalité des chances ; elle est à la recherche d'un autre ordre social, voire moral.

Une sociographie des étudiants

Si le nombre de laissés pour compte de la société française est un enjeu politique majeur pour chaque gouvernement qui le dénonce et tente d'y remédier, celui-ci ne doit pas masquer un phénomène vieux de trente ans : l'entrée massive de générations nouvelles à l'université, à laquelle leurs parents ne pouvaient ou ne voulaient pas accéder. La part des 15-29 ans qui poursuivent des études est de 42,9 % en 2019, mais malgré l'augmentation constante du nombre des bacheliers, il n'y a pas de quoi pavoiser, la France ne figurant que dans l'avant-dernier groupe des pays de l'Union européenne en nombre de diplômés de l'enseignement supérieur[21]. En 2015, entre 18 et 24 ans, 51,2 % des jeunes femmes et 46,4 % des jeunes hommes sont en études initiales. Dans le cadre de la massification de l'accès aux études supérieures, l'université est un pôle d'attraction pour les enfants de catégories les plus défavorisées qui, pour la première fois, y entrent. Malgré le succès au baccalauréat, on s'étonne, à la lecture des réponses de nos questionnaires, que certains aient réussi à franchir cette porte, ce qui peut expliquer les taux d'abandon dans les premières années de l'université. Cette massification est dénoncée autant par les enseignants que les présidents d'université. Elle explique aussi le désarroi d'étudiants qui estiment que les emplois qu'ils obtiennent ne sont pas à la hauteur des diplômes obtenus. Un étudiant le souligne : « Le fait que le niveau d'études maintenant ne suffit plus. On pourra avoir un bac + 5 et pourtant finir dans un travail de niveau bac + 2 », tout en remarquant que le « niveau d'études devient trop exigeant ». La défiance est double, tant du côté des étudiants qui sont à l'université que de ceux qui la refusent. L'institution universitaire est d'ailleurs l'objet d'un certain désamour : si 6 étudiants sur 10 entrent à l'université, cette part est en baisse depuis quinze ans (62 % en filière longue, dont 5 % en DUT et 42 % en humanités et sciences sociales) au profit d'autres institutions de type privé ou public.

L'entrée massive des femmes à l'université est désormais un phénomène ancien – aujourd'hui elles sont plus nombreuses, 55 % –, mais leur distribution entre les différentes filières reste inégale : moins de 30 % des étudiants en sciences et techniques des activités physiques et sportives (STAPS) et dans les formations d'ingénieurs, mais plus de 80 % dans les écoles paramédicales et sociales. Les filières se différencient aussi selon l'origine sociale des étudiants : si un tiers des étudiants en section de technicien supérieur (STS) sont d'origine défavorisée, c'est le cas de moins de 10 % des étudiants dans les formations d'ingénieurs (hors universités), les écoles de commerce, les classes préparatoires aux grandes écoles (CPGE) et les formations artistiques et de journalisme[22].

Être étudiant implique de pouvoir mobiliser un certain nombre de ressources matérielles et financières. La grande majorité d'entre eux est aidée par leurs parents : en 2014, 70 % des 18 à 24 ans ont reçu une aide financière régulière et encore 52 % des jeunes hommes et 34 % des jeunes femmes habitent chez leurs parents. Le sujet central est celui de l'autonomie, qui passe par un logement séparé, relevant du marché soit privé, soit public, par le biais du Centre régional des œuvres universitaires et scolaires (CROUS)[23] qui gère à la fois le logement étudiant et la distribution des bourses. Le problème est particulièrement épineux pour ceux et celles qui font des études dans des universités parisiennes ; en raison des prix des locations dans la capitale, il faut continuer de demeurer au foyer parental si les deux parties s'entendent pour cohabiter, ou bien chercher un logement, soit avec le soutien financier des parents, soit en prenant un travail à côté des études.

L'aide parentale fait clairement la différence entre les classes sociales. Dès lors que les parents n'ont pas les moyens d'aider leurs jeunes adultes, que ceux-ci ne peuvent résider chez eux, ou que les liens ont été rompus pour diverses raisons, la situation de certains jeunes étudiants devient aussi anxiogène que pour les jeunes sur le marché de l'emploi. La question de la « précarité » des étudiants est venue s'inscrire sur l'agenda politique du gouvernement à la suite de l'immolation d'un étudiant de l'université Lumière Lyon-II le 8 novembre 2019 devant le CROUS. Par ce geste insensé, ce jeune homme de 22 ans voulait attirer l'attention sur la détérioration de la condition économique étudiante. Au-delà de ce cas spécifique et hors norme, la situation financière des étudiants ne cesse de se dégrader, ce que dénoncent aussi bien les enquêtes des syndicats que des inspections des affaires sociales et pour une double raison : d'une part, parce que ces nouveaux venus à l'université sont issus de milieux moins favorisés que ceux des générations précédentes et, d'autre part, en raison du renchérissement du coût de la vie. Les étudiants ont massivement recours aux aides au logement, aux bourses sur critères sociaux. Globalement 39,3 % des étudiants perçoivent au moins une aide financière directe et 10 % des 18-24 ans cumulent à la fois emploi et études, soit 46 % des étudiants qui travaillent pendant l'année universitaire. Ces jeunes, dont les parents n'ont pas les moyens de les soutenir, doivent travailler pendant leurs études comme des apprentis – des périodes d'emploi étant prévues dans le cursus – ou en cumulant études et « petits boulots » : intérim, apprentissage, CDD du privé, contractuels de la fonction publique. Ils sont les premiers destinataires des contrats aidés et des bourses. Même si de nombreuses aides ont été créées pour les jeunes de 16-25 ans, lorsqu'ils ont du mal à trouver du travail, le temps des 20 ans n'est donc pas celui de la joyeuse insouciance, mais une période plutôt anxiogène Pour résumer, à 20 ans, 55 % des étudiants cumulent études et emploi et 45 % font seulement des études[24]. À l'exception des études conçues « en alternance » avec stage en entreprise, qui intègrent de façon équilibrée enseignement et temps de travail, mais ne concernent encore qu'une minorité, le cumul des études avec un travail, surtout au-delà d'un certain nombre d'heures hebdomadaires, a un impact négatif sur la réussite des études[25]. Les étudiants « précaires », ainsi qu'ils se désignent, se sentent alors en marge de la normalité de la vie étudiante, rognant sur toutes leurs dépenses, et notamment, disent-ils, sur leurs sorties.

« Ils ont le sentiment de passer à côté de la vie étudiante », remarque la psychiatre Dominique Monchablon[26].

La pandémie récente fait courir un risque sérieux de décrochage à ces étudiants déjà fragilisés, principalement à ceux et celles qui débutent leurs études en licence. Soazig Le Nevé, une jeune journaliste spécialiste des questions d'éducation[27], observe que s'ils ont pu conserver leur emploi à temps partiel, nécessaire pour payer leur loyer ou aider la famille, ils n'ont plus le temps ou l'énergie pour rester en contact avec leurs enseignants. Privés des bibliothèques universitaires où ils avaient l'habitude de travailler, il leur est impossible à domicile de répondre aux demandes des enseignants. Le décrochage en première année de licence qui est généralement de 35 à 40 % ne peut que s'aggraver, pénalisant les plus fragiles.

La condition étudiante en France est bien différente de ce qu'elle est dans d'autres pays d'Europe. Dans une enquête originale qui s'intéresse aux paramètres privés et publics qui contextualisent le départ des jeunes du foyer, la sociologue Cécile Van de Velde[28] a montré ce qu'il en est par contraste avec d'autres pays d'Europe, Royaume-Uni, Espagne, Danemark. Dans ce dernier, le jeune adulte, dès l'âge de 18 ans, combine à une aide de l'État le recours à un travail salarié, généralement une activité professionnelle à temps partiel (une pratique qui a tendance à se développer en France selon la formule des études en alternance déjà évoquée). Il parfait ainsi une autonomie enseignée dès l'enfance. Le Danemark enjoint au jeune de « se trouver ». Au Royaume-Uni, pour l'étudiant, il s'agit de « s'assumer », sans aide ni de l'État ni des parents, mais par le recours au marché, dans le cadre du régime libéral ; les valeurs individualistes encouragent aussi l'individu à quitter très précocement sa famille. En Espagne, la logique serait de « s'installer », c'est-à-dire, comme en Italie, de tout attendre – faute de soutien public – de la famille que le jeune (ou moins jeune) ne quitterait que pour se marier et s'établir, souvent dans la trentaine. En France, la logique pour le jeune serait plutôt de « se placer », bénéficiant du soutien de l'État, combiné à celui des parents.

Tout autonome qu'il soit ou se pense, ou même en exprime le désir, notamment en matière de relations amicales, affectives ou sexuelles, le jeune de 20 ans est souvent dépendant de ses parents en ce qui concerne ses choix d'étude, ce qui conditionne une certaine vision de son projet professionnel. Nos jeunes étudiants interrogés font bien état de ce manque d'indépendance. Si les enquêtes sur les conditions de vie des jeunes adultes s'adressent, naturellement en quelque sorte, aux jeunes eux-mêmes, il faut aussi prendre en compte le point de vue parental qui montre comment fonctionne cette logique du « placement ». C'est ce qu'ont fait les sociologues Nicolas Charles, Marie-Clémence Le Pape, Mickaël Portela et Élise Tenret dans une enquête par entretiens. Ils montrent que les efforts des jeunes sont soutenus par ceux de leurs parents « dans une forme de “course au placement”, à savoir cette injonction à réussir ses études et dans la foulée son insertion professionnelle[29] ». Déjà très impliqués lors des choix d'orientation ouverts par la récente réforme du lycée et dans la logique de l'autonomisation croissante des individus et des jeunes notamment, les parents valorisent la construction d'un « projet » qui va se concrétiser dans les orientations scolaires, puis en soutenant les choix de leur adolescent ou jeune adulte. D'autres parents s'impliquent encore davantage, notamment dans les milieux aisés, conscients du risque de déclassement. Le soutien des parents est le prix de l'autonomie du jeune, d'où les conflits lorsqu'ils ont l'impression que celui-ci ne poursuit pas son projet. Les chercheurs notent : « C'est autour de la prise en charge matérielle et financière du jeune en difficulté (ou perçu comme tel) que se cristallisent les interrogations des parents. Les tensions apparaissent d'abord car les parents sont pris entre des normes contradictoires. Pour ceux qui valorisent une conception linéaire du projet, par exemple, l'abandon par leurs enfants des études ou de la formation est perçu comme un motif légitime “de couper les vivres”, marquant ainsi le désaccord parental et forçant le jeune à ne pas être entretenu dans ce qu'ils perçoivent comme une oisiveté stérile. Cependant, ce principe d'aide parentale entre en contradiction avec un autre, qui est de ne pas laisser son enfant sans ce passeport indispensable dans la société, un projet professionnel abouti[30]. »

Une jeunesse innommable ? Une génération innommable ?

Employés indifféremment, les termes « les jeunes » et « la jeunesse » ne sont pourtant pas interchangeables parce qu'ils incarnent des réalités distinctes : la jeunesse désigne une phase de vie alors que les jeunes sont les personnes qui la traversent et qui constituent une classe d'âge ou une génération. Par contraste, l'usage n'est pas de parler de l'enfance, de l'adolescence ou de la vieillesse pour nommer ceux qui traversent ces étapes de la vie. C'est peut-être la puissance symbolique de cette tranche d'âge, 17-22 ans, porteuse du futur de la société, qui explique cette concentration sémantique. Au regard des réponses à notre enquête, on peut se demander si la « jeunesse » de la deuxième décennie du XXIe siècle forme bien une génération spécifique, une génération consciente d'elle-même et constituée en force sociale[31].

On serait tenté de le penser, si l'on en juge par le regain d'intérêt qu'elle suscite et à l'engouement médiatique pour des expressions qui nous viennent des États-Unis. Les médias aiment à multiplier les appellations souvent simplificatrices. Après la *computer generation* née vers 1975, est venue l'*Internet generation* ou la génération Y = *Why ?*, née à partir de 1988 qui est aussi l'année de la célébration des vingt ans de 1968 ; on les nomme aussi *millennials*, en tant que génération indécise, sans cause commune. Celle qui suit, les Z, que nous étudions ici, fait état en revanche de fermes convictions. La définition des vingtenaires ne réside pas dans les évocations d'événements historiques partagés, comme la génération de la Résistance, de la guerre d'Algérie ou de 1968, ni dans l'évocation de modes, celle du jean, des blousons noirs, du rock, ni d'un état d'esprit, comme la génération bof de la fin des années 1980, etc. Elle s'incarne dans les engagements qu'elle affiche dans un climat actuel de perplexité, voire d'inquiétude, face à l'inconnu de l'avenir.

Nommer une génération[32], c'est créer un symbole, et contribuer aussi à une double illusion : l'uniformisation autour de ce symbole de l'ensemble des hommes et des femmes qui composent une génération, dans sa diversité et ses inégalités, et la cristallisation de cette génération en un point du temps, ce qui la situe hors du temps. Alors le symbole devient mythe, un mythe symptomatique d'une époque. À vrai dire, ce n'est que dans vingt ans que l'on pourra caractériser la « jeunesse » des années 2020, lui accoler un terme choc qui résumera son action et son rôle dans les faits, comme dans les représentations. Si les inégalités, les contrastes en son sein sont plus marqués que dans les générations précédentes, tous ces jeunes ont en commun de partager le sentiment d'une grave inquiétude sociale : « On est la génération sacrifiée [...]. Ma génération n'a pas connu d'autre situation que la crise économique » (un étudiant à Lyon-II en histoire). Jusqu'à peu, cette jeunesse n'était pas marquée par le partage d'un événement collectif ; désormais, l'expérience de cette incroyable crise sanitaire qui s'est abattue sur le monde pourra servir de point de repère commun.

Privés des repères des générations précédentes, les jeunes ne forment pas pour autant un ensemble générationnel unifié. En effet, avec ses profonds clivages économiques, sociaux et culturels, l'unité de la jeunesse de ce début du millénaire peut être mise en doute. Déjà il y a vingt ans Olivier Galland interrogeait l'unité générationnelle sur le plan culturel : « L'unité de la jeunesse n'est qu'une unité de façade. La culture jeune elle-même n'a pas vu disparaître tous ses clivages[33]. » Et c'est dans leurs divergences, unis seulement par le pessimisme, que tous et toutes devront affronter en commun une situation sociale, économique, culturelle, environnementale très anxiogène et totalement inédite dans l'histoire de l'humanité.

Comme nous allons le montrer dans les chapitres qui suivent, les modes de faire et de penser de minorités actives interrogent désormais la cohésion de la nation. Celle-ci s'était renforcée avec les Trente Glorieuses qui laissaient espérer une montée de la classe moyenne aux comportements culturels unifiés ; mais déjà à la fin des années 1980, le grand historien Maurice Agulhon observait que le rapprochement culturel n'avait pas permis de cimenter la nation : « En clair et en schématisant beaucoup, on pourrait dire que, en 1914, les Français étaient unis dans la conscience nationale et divers dans les comportements culturels, alors qu'aujourd'hui ils sont divers et divisés par rapport au National mais plus unis dans les comportements culturels[34]. »

Depuis lors, et en l'espace de quarante ans, les divisions et les inégalités de notre société qui est devenue multiculturelle et multi-religieuse se sont accrues, et notamment au sein de la jeunesse. Faisant écho aux propos de Maurice Agulhon, Olivier Galland notait dix ans plus tard l'affaiblissement du sentiment d'appartenance collective entraînant « une crise de l'intégration sociale, une perte des valeurs communes constituant le ciment de la société, valeurs qui sont peu à peu concurrencées par des valeurs identitaires, autour de l'apparence et de la communication entre pairs[35] ». Les chapitres qui suivent s'essaient à définir ce qui différencie nos vingtenaires des générations qui les ont précédés, ce qui les caractérise collectivement et dans leurs diversités.

CHAPITRE DEUX

Les trois générations du XXe siècle

Nos vingtenaires sont venus au monde alors que disparaissaient leurs arrière-grands-parents nés aux alentours des années 1920. Être « jeune » n'a évidemment pas le même sens en 1920, 1945, 1970, 2000 et, de ce fait, convoque des mémoires différentes. Si les moments d'entre deux, entre adolescence et âge adulte, sont toujours porteurs de tensions familiales, générationnelles, ils sont vécus très différemment selon les périodes historiques au sein desquelles ils prennent place. Au plan macro, la composition démographique, sociale, politique diffère d'une génération à l'autre. Mais que ce soit sans violence, parfois avec, les jeunes affirment toujours leur différence avec le reste de la société. On cite souvent la phrase d'Alexis de Tocqueville « chaque génération est un peuple nouveau », mais il ne faut pas oublier qu'elle est précédée de la mention « dans les démocraties » : Tocqueville fait donc un lien direct entre le régime politique et la succession des générations ; Marguerite Yourcenar, plus poétiquement, note que « le fossé des générations existe à toute époque, même quand poussent sur ses bords les fleurs des bons sentiments[1] ». Pour la société, pour les familles, pour les jeunes eux-mêmes, l'accès à ce nouvel âge est traversé de divers mouvements, plus ou moins visibles ou plus ou moins inquiétants en ce qu'ils risquent de saper les possibilités d'un « monde commun », comme disait Hannah Arendt. Les « jeunes » ont-ils toujours eu autant d'importance qu'aujourd'hui dans l'histoire récente des générations ?

Les trois jeunesses du XXe siècle

Pendant longtemps, le concept lui-même en ce qu'il désigne une classe d'âge aux aspirations et besoins spécifiques n'existe pas. Certains historiens ont cependant contesté que l'idée que la « jeunesse » aurait été inventée par la société du xxe siècle. Natalie Davies, historienne américaine spécialiste du Moyen Âge français, étudiant les cultures rurales du xvie siècle, estime que « si les villageois n'ont aucune théorie sur le développement psychique du jeune adolescent, s'il est vrai aussi que la société rurale n'encourage guère la recherche d'autres formes d'identité, les organisations de la jeunesse, à leur façon, soulignent cette période de marge, et canalisent les premières pulsions sexuelles[2] ». Ces organisations traditionnelles se voient confier des fonctions spécifiques, notamment la sauvegarde de l'ordre social et le contrôle de la vie privée. Si elle met le monde à l'envers par exemple au temps du carnaval, ou stigmatise par des charivaris des vieux veufs qui épousent de très jeunes filles, ce n'est que pour faire respecter les normes, et non pour instaurer une coupure comme c'est le cas avec la « jeunesse » contemporaine.

Aux débuts d'un xxe siècle marqué par les ravages de la Première Guerre mondiale, la France était encore un pays largement rural et dans les familles de la campagne, la solidarité entre les jeunes et les vieux s'organisait de manière privée. Dans le monde ouvrier, le développement du capitalisme et de l'industrie, dès la seconde moitié du xixe siècle, rompant les liens traditionnels, avait contribué à la prolétarisation d'une partie de la population. L'apparition du système des retraites a contribué à l'amélioration d'une classe ouvrière en pleine expansion, en dépit des crises, jusque dans les années 1970. Et ceux qui étaient nés vers 1920 en profitèrent, sans avoir eu à cotiser au cours de leur vie active. Ils ont accueilli les pensions qui leur étaient attribuées, bien que maigres, comme un cadeau inespéré.

La « jeunesse » dans les années d'entre deux guerres est aussi marquée par un grand conformisme moral. La séparation de l'Église et de l'État a allégé le poids du religieux dans la société, mais les normes familiales restent strictes, tout imprégnées encore des diktats chrétiens : pas de sexualité hors mariage, surtout pour les jeunes filles. Dans cette période marquée par une stagnation démographique, toutes les pratiques contraceptives sont interdites et l'avortement condamné par la peine de mort. Point d'issue sinon le mariage qu'une loi votée à la fin du XIXe siècle rend difficile à rompre, sur la dénonciation d'une faute d'un des deux époux envers le pacte conjugal.

La place des femmes et des jeunes femmes notamment est ambiguë : alors que leurs mères ont été requises pendant la Première Guerre mondiale pour remplacer les hommes aux champs ou à l'usine, les voici à nouveau assignées au domestique – bien qu'un grand nombre travaille encore à l'usine. Ce domestique est largement fondé sur le travail manuel, les innovations technologiques de la Grande Guerre ne s'étendant qu'au domaine industriel. La lessive, malgré les lessiveuses, continue d'être une tâche très lourde ; il faut faire des courses alimentaires quotidiennes faute de moyens pour conserver les aliments. Seules les classes de la bourgeoisie peuvent s'offrir les services de « bonnes à tout faire », d'autant plus facilement que celles-ci sont peu payées et vivent souvent dans des conditions indignes. Si les nouveaux immeubles des beaux quartiers érigés à la fin du XIXe siècle et au début du XXe comportent des salles de bains et des toilettes, les chambres où l'on loge les « bonnes » en sont toujours dépourvues.

Cependant l'esprit de liberté commence à se manifester, notamment à travers la mode : les jeunes femmes se coupent les cheveux, elles raccourcissent la longueur de leurs jupes et montrent leurs jambes, elles abandonnent corsets et tournures pour un style qui libère le corps. En très peu de temps, la silhouette féminine est transformée, rajeunie. Le paysage culturel de l'après-guerre se trouve, lui aussi, profondément modifié. Certes, on sait que Paris devient le centre culturel du monde, dans les années 1920, avec la rencontre d'artistes peintres, d'écrivains, le mouvement surréaliste, mais cela ne concerne qu'une petite frange de la population. Comme c'est le cas aujourd'hui avec Internet et ses conséquences technologiques (*streaming*), une innovation technologique majeure, la radio, sert à propager une culture de masse, populaire, une culture qui touche le peuple des paysans comme des ouvriers et des classes moyennes. De 500 000 en 1929, le nombre de postes récepteurs passe à 1,9 million en 1935[3]. La radio, trônant sur le buffet, rassemble toute la famille contribuant à créer une culture commune au sein de la famille, mais aussi à renforcer un sentiment national avec le partage de mêmes émissions.

Pour les plus nombreux, c'est surtout la musique, celle qui est issue des cafés-concerts de la fin du XIXe siècle ou celle qui vient d'Amérique avec le jazz, qui s'impose. Le tango et le charleston remplacent la valse, les opérettes françaises puis celles importées des États-Unis connaissent un grand succès. L'électricité supprime la manivelle du phonographe et donne naissance à l'industrie du disque 78 tours qui contribue au succès de la musique et surtout de la chanson – un art réellement populaire. Celle-ci est omniprésente à partir de 1930 et constitue le fil conducteur des spectacles, qu'il s'agisse du cinéma ou du music-hall. Dans les grandes villes, les musiciens qui jouent dans l'espace urbain avec leurs accordéons répandent les chansons de Maurice Chevalier, Mistinguett, Damia ou Tino Rossi, qui deviennent des rengaines populaires[4]. Si les mélodies et les thématiques sont plutôt du genre réaliste, à la fin des années 1930, sous l'influence du jazz, elles deviendront beaucoup plus joyeuses – malgré ou en raison des circonstances sociales et politiques. On écoute le grand orchestre de Ray Ventura, et celui qui se dénomme le « fou chantant » Charles Trenet.

La jeunesse ne dispose pas encore de références personnelles. Le renouveau culturel n'est pas l'apanage d'une classe d'âge, il est partagé par tous. La musique française, métissée, touche tous les publics. Jeunes et vieux vibrent aussi ensemble face au développement du cinéma muet, puis parlant et des spectacles sportifs comme le Tour de France, les combats de boxe.

Les individus se moulent dans une société qu'ils cherchent à réformer à travers des mouvements politiques et sociaux (telles les grandes grèves avant la Seconde Guerre mondiale), tout en partageant les valeurs de la génération aînée, celle qui a combattu pour la France. Si les enfants de la bourgeoisie font de longues études pour entrer dans la carrière ouverte par leurs parents, les jeunes du monde rural ou ouvrier passent directement de l'enfance à l'âge adulte, sans transition. Service militaire, entrée à l'usine, travail dans l'exploitation parentale, mariage se succèdent rapidement sans qu'ils et elles connaissent cette période d'entre-deux propre au monde contemporain.

La prise de conscience de l'idée d'une « jeunesse » caractérise mieux la génération suivante, donc les grands-parents de nos jeunes du XXIe siècle, nés dans les années 1945, qui ont bénéficié du formidable impact de la solidarité publique entre les générations. Aux lendemains de la Seconde Guerre mondiale, la croissance économique conjuguée à l'élan social qui s'est manifesté dans les années 1945-1960 a favorisé le développement d'une forte protection sociale, retraites, allocations familiales, aides aux études et au logement. Porté par le mouvement de liberté recouvrée qu'offre la victoire sur les nazis, les jeunes se marient très jeunes et font des enfants. Le baby-boom s'inscrit dans cette période pleine d'espoir, marquée par un désir de liberté qui s'exprimera dans les années 1968 et suivantes.

Ces jeunes couples – en 1972, les garçons convolent à 24,9 ans et les filles à 22,7 ans – apparaissent comme des innovateurs sociaux ; ils revendiquent un libre choix du conjoint et justifient leurs unions, jugées parfois trop précoces par leurs parents, au nom de l'amour. C'est une petite révolution si on compare ces comportements à la façon dont leurs parents et grands-parents se sont épousés, souvent à la suite de rencontres arrangées dans des cercles restreints, notamment dans la famille étendue. Dans les années 1930, on se mariait encore pour des raisons patrimoniales dans les milieux bourgeois très aisés ou de classe moyenne (y compris parmi les paysans possesseurs de terres) et le bonheur des époux n'était guère premier à l'horizon du couple conjugal. L'amour devient la nouvelle légitimation de l'union.

Les jeunes filles et les jeunes femmes de cette après-guerre vont mettre en branle des bouleversements sociaux et culturels majeurs. La période est marquée par l'entrée des jeunes femmes à l'université, une entrée massive et continue qui sera suivie par une entrée sur le marché de l'emploi, stimulée par le plein-emploi de cette période que l'on a appelée rétrospectivement les Trente Glorieuses. Certes, les femmes, hormis les milieux bourgeois, ont toujours travaillé, mais c'était à la ferme, ou en usine où elles entraient une fois leurs études terminées. Au début du XXe siècle, on observe une régression de l'emploi ouvrier féminin ; à partir de la seconde moitié du siècle, le taux d'activité féminine ne cesse de croître pour passer de 42 % en 1962 à 76 % en 1990.

Au plan familial, dès les années 1950, les parents relâchent le contrôle sur le choix des amis de leurs enfants ; prend forme ce que les sociologues vont nommer « la bande des copains ». L'éducation se fait beaucoup plus libérale. Pour la première fois, la nouvelle génération est globalement plus instruite que celle de ses parents. Les femmes, et surtout les jeunes sont les « agents secrets de la modernité », écrit Edgar Morin[5] étudiant une commune de Bretagne où il décèle aussi les prolégomènes de ce qui va devenir la culture jeune, une culture de génération, celle qu'on a nommée un peu facilement des « yé-yé ». Ici aussi les transformations technologiques conjuguées au développement de la consommation vont bouleverser les pratiques culturelles populaires et participer à la construction neuve du concept de « jeunesse ». Comme l'écrivent Pascale Goetschel et Emmanuelle Loyer, spécialistes des politiques culturelles, « c'est par la jeunesse occidentale, cette "cohorte dépolitisée et dédramatisée des Français de moins de 20 ans" [...] que pénètrent les innovations[6] ». Un rock'n'roll français, importé des États-Unis, connaît un moment de succès entre 1960 et 1963 avec Johnny Hallyday et Eddy Mitchell ; à leurs côtés se crée une musique française avec Françoise Hardy qui chante « le temps des copains et de l'aventure » ou Claude François qui célèbre la liberté du « lundi au soleil » (« une chose qu'on n'aura jamais »). L'essor des 45 tours, une émission de radio destinée aux jeunes que l'on peut écouter sur son transistor, *Salut les copains*, des magazines spécialisés contribuent à ringardiser définitivement les chansons des années 1930 et 1940. Les premiers concerts qui accueillent des jeunes, qui délaissent le veston et la cravate pour le blouson noir, la jupe et le chemisier pour les tee-shirts et jeans « pat' d'eph' », connaissent un considérable succès au point d'inquiéter la puissance publique. Les modes vestimentaires qui se succèdent, mods, rockers ou punks, comme les modes capillaires – du cheveu long au crâne rasé – témoignent de la contestation qui se manifestera quelques années plus tard dans le moment « 68 » et ses prolongements dans les décennies suivantes.

C'est la révolution des *sixties*, celle qui porte en elle un désir de liberté dans une France encore soumise aux normes morales gaulliennes. Les jeunes continuent de vibrer aux sons renouvelés de groupes de rock qui viennent de Grande-Bretagne ou d'Amérique, soutenus par une industrie de l'audio en plein développement. La haute-fidélité, le casque à écouteurs individuels ouvrent les jeunes à un autre monde du son, à la fois individuel et partagé entre pairs. La fréquentation des concerts, la lecture de revues spécialisées constituent une culture commune pour les adolescents et les jeunes adultes dont les parents sont exclus. Seule la télévision qui se répand rapidement sur le territoire français peut en ses débuts rassembler les générations.

L'avènement d'une culture de la jeunesse rompt l'homogénéisation qui avait pu naître au sein de la culture populaire de l'entre-deux-guerres. De plus en plus rapprochées, les diverses modes culturelles, notamment musicales, vont contribuer à spécifier davantage la culture jeune jusqu'aux transformations majeures des années 2000 dont nous analyserons plus loin les effets. À l'inverse, la culture juvénile infiltre la société à travers la consommation et ses modèles. « La culture de masse désagrège les valeurs gérontocratiques, elle accentue la dévaluation de la vieillesse, elle donne forme à la promotion des valeurs juvéniles, elle assimile une partie des expériences adolescentes », écrit dans les années 1990 Olivier Galland[7]. Désormais, la jeunesse est associée à la modernité. Si l'on observe des portraits ou des photographies, les jeunes hommes de la fin du XIXe siècle faisaient tout pour paraître plus vieux, dans leur tenue, leur coiffure, en se laissant même pousser un certain embonpoint – ce qu'évoque Stefan Zweig dans *Le Monde d'hier. Souvenirs d'un Européen.* Encore dans les années 1960, les jeunes femmes s'habillaient comme leurs mères, et il n'existait pas de « mode jeune ». Le renversement prend place à la fin de cette décennie, et désormais ce sont les vieux qui tentent de rester « dans le coup » en empruntant aux jeunes leur vestiaire.

Les jeunes de 1990, quant à eux, parents de nos vingtenaires, s'inscrivent dans une génération intermédiaire. En 1988, alors que se célèbrent les vingt ans de 1968, ils se trouvent coincés en quelque sorte entre leurs célèbres prédécesseurs, les soixante-huitards, et la révolution numérique portée par leurs successeurs. La condition féminine a progressé, une fois mises en place les lois concernant la liberté de l'avortement et de la contraception ; l'institution familiale a été sérieusement bouleversée, ce que traduit un train de nouvelles lois assurant l'égalité des époux au sein du couple, facilitant la rupture des unions. Mais à la période de boom économique succède, dans les années 1970-1990, une période de crises de différente nature. Première crise du pétrole, montée du chômage, apparition de l'épidémie de sida. La chute du mur de Berlin ouvre une nouvelle période du monde et de la globalisation. Pour les jeunes de 17 à 22 ans, les vingt dernières années du XXe siècle sont anxiogènes : alors qu'un nombre toujours croissant se dirige vers l'université, le nombre d'emplois ne suit pas, en raison des délocalisations liées à la mondialisation. L'ascenseur social tant célébré lors des Trente Glorieuses, qui permettait au fils d'ouvrier de devenir employé, au fils d'employé de devenir cadre, etc., est à l'arrêt. Dans l'enquête que nous avions conduite en 1992 et 1996, cette « panne d'ascenseur » était déjà très sensible[8]. Des grands-parents, nés dans la seconde décennie du XXe siècle, étaient petits employés ; leurs enfants, dans la cohorte du baby-boom, avaient fait des études, trouvé un emploi et souvent acquis leur résidence ; les enfants de ceux-ci, nés dans les années 1980, étaient déjà, quant à eux, confrontés au chômage et à un avenir incertain.

Alors que, jusque dans les années 1970, l'accession à l'âge adulte voyait la concomitance de l'accès à l'emploi, au logement et à la fixation du couple, tous ces seuils sont désormais franchis selon des calendriers distincts. La nouvelle jeunesse expérimente le temps des incertitudes : prolongation du temps des expérimentations sexuelles et amoureuses, retard à l'entrée sur le marché du travail, recul de la constitution stable d'une famille. Si grâce à la libération sexuelle les jeunes peuvent vivre en couple, ils ne sont pas indépendants pour autant, l'accès à l'emploi et au logement étant d'autant plus retardé qu'ils sont à la recherche de diplômes plus solides.

Dans le domaine des idéologies, aux extrémismes marxistes et maoïstes de la décennie 1970 succèdent des idéologies plus tièdes, où l'écologie commence à se trouver timidement sa place. Les cultures jeunes sont de plus en plus marquées par les écrans, de la Game Boy à Internet, qui se répand rapidement. Le modèle d'éducation libéral, fait de négociations, qui avait commencé dans les années 1950, se conforte. C'est la « génération Tanguy », ainsi nommée d'après un film[9] qui met en scène un sympathique jeune homme qui a largement dépassé la trentaine et qui, au désespoir de ses parents, insiste pour continuer à vivre au domicile parental. Il incarne cette interminable fin de la « jeunesse » qui repousse toujours plus loin engagements professionnels et amoureux.

Ce sont aussi les années de prise de conscience d'une « autre jeunesse », encore plus malmenée en raison du chômage. Exclus de la société postindustrielle, confrontés aux valeurs véhiculées par les communications de masse, vivant dans un contexte architectural dégradé où les solidarités traditionnelles se sont effondrées, ce sont les jeunes du monde de la « galère[10] », annonçant des difficultés qui ne feront que s'amplifier au cours du temps. L'élévation du niveau d'éducation lié à des politiques volontaristes, produisant des générations de plus en plus diplômées, accentue en effet les inégalités entre les différentes jeunesses. Ceux et celles qui n'ont pas de diplôme ont d'autant plus de mal à s'en sortir qu'ils rencontrent une plus forte concurrence.

D'autres repères mémoriaux

Les trois générations du xxe siècle ont donc traversé des expériences historiques très différentes de l'une à l'autre. L'enquête, quantitative puis qualitative, dont il a été fait mention à la page précédente[11] a aussi mis en lumière les différentes façons dont a été conservée la mémoire des grands événements nationaux ou internationaux. Elle révèle la réalité et les effets de la transmission familiale des mémoires générationnelles. Ses réponses ont fait l'objet d'un traitement spécial[12] dont le graphique ci-dessous donne une vision assez parlante. Il systématise les réponses données par chacune des trois générations à la question : « Quels sont les événements historiques ou les changements sociaux qui ont marqué votre génération ? » La question étant ouverte, chacun était libre de son choix et pouvait citer trois items[13].

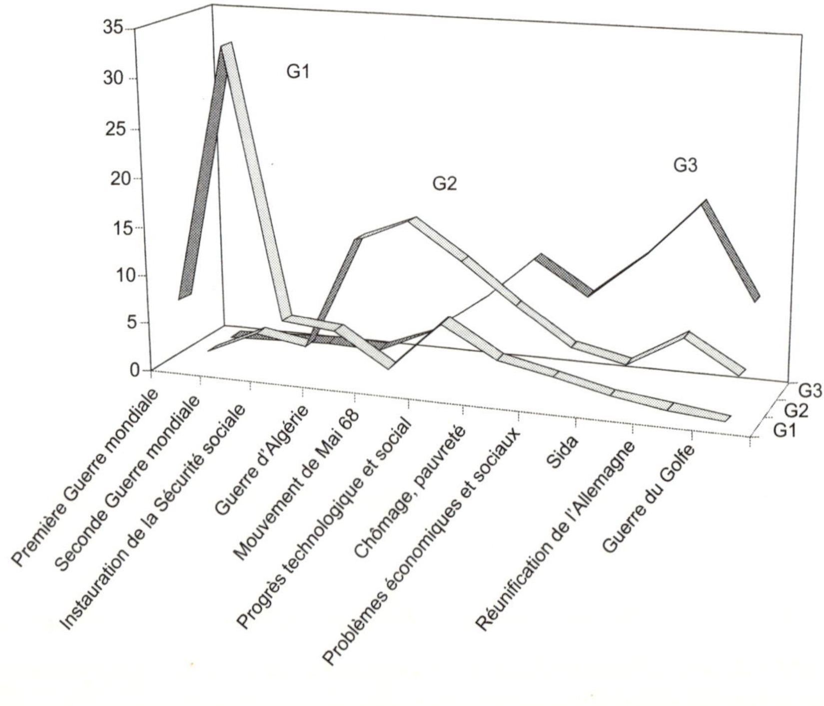

Le graphique montre que les événements marquants les plus cités par chacune des générations correspondent à ceux qui sont survenus au cours de leur jeunesse (ou même de leur enfance, pour ceux qui évoquent la Première Guerre mondiale) : la guerre de 1939-1945 et le développement de la Sécurité sociale pour la génération G1 ; la guerre d'Algérie et les événements de 1968 pour la génération G2 ; quant à la génération G3, c'est la réunification allemande qui domine, évoquée par la chute du mur de Berlin (qui venait d'avoir lieu au moment de l'enquête) davantage que la guerre du Golfe, mais sont également cités de façon significative les problèmes de société, sida, chômage, pauvreté (qui ont fait suite à la crise du pétrole de 1972). En revanche les problèmes écologiques et le risque atomique qui menacent la planète sont plus rarement évoqués (G1 : 0,4 % ; G2 : 0,9 % ; G3 : 1,8 %).

L'histoire de la génération 1, les arrière-grands-parents de nos vingtenaires, coïncide avec la majeure partie du XXe siècle. Nés au cours ou après la fin de la Première Guerre mondiale, ils ont traversé la Seconde dans la période de leur maturité, pour voir leurs enfants partir pour la guerre d'Algérie. La génération 2, celle dite de l'abondance, met à la première place le mouvement de 1968 et la progression de la condition féminine ; la génération 3, parents de nos vingtenaires, mentionne très peu souvent les questions d'écologie, pas plus que celles concernant les développements technologiques. Leurs enfants le leur reprochent assez aujourd'hui !

En résumé, la conscience générationnelle des plus âgés a été scellée par la guerre, celle de la deuxième génération par les événements de 1968, qu'elle y ait ou non participé, et la troisième par une forme de désenchantement lié aux problèmes sociaux dont elle fait elle-même la dure expérience.

La mémoire d'une génération ne se limite donc pas aux événements ou changements dont elle a été le témoin, elle englobe aussi ceux qui ont concerné plus directement la génération de ses parents dans le passé ou celle de ses enfants. Les histoires de vie des générations ne sont pas étanches entre elles. Au sein de la famille, les générations historiques se chevauchent ; ce que le parent a vécu s'inscrit dans la mémoire familiale, et fait partie de l'histoire de son enfant.

Si l'on compare avec les résultats de notre enquête, on peut constater une certaine continuité dans deux domaines : d'une part, la condition féminine, exprimée d'ailleurs aujourd'hui dans un tout autre vocabulaire – féminisme, mouvement #MeToo, féminicides, etc. ; d'autre part, la continuité d'un désenchantement face à une société marquée par des difficultés sociales.

En comparant les réponses des jeunes Français et celles des jeunes Européens telles qu'elles apparaissent dans *Mémoires à venir*[14], enquête conduite en 2015, visant à cerner les connaissances qu'ont les jeunes Européens des événements du passé, on peut dégager des spécificités nationales. La comparaison n'est toutefois pas aisée, car aux jeunes enquêtés, dont 1 800 Français, il était proposé de choisir parmi une liste d'événements tandis que notre questionnaire était ouvert. En premier lieu les répondants ont nommé les attentats de 2001, en second lieu la chute du mur de Berlin, preuve que ce sont des jeunes qui ont une certaine culture historique, car ces deux événements ont eu lieu l'année de leur naissance ou même bien avant. Lorsque le questionnaire leur a demandé si la mondialisation était une menace ou une opportunité, 56 % répondent que c'est une opportunité, contre 44 % une menace ; 56 % voient une prochaine guerre mondiale probable. Ils se partagent à 50 % sur ce qui caractérise une société idéale : 50 % sont pour la loi et l'ordre, et 50 % pour la liberté individuelle. Sur des questions de mœurs, 94 % pensent que ne pas avoir la même orientation sexuelle ne pose aucun problème et 93 % sont en faveur d'une société où les hommes et les femmes sont égaux et ont les mêmes droits (il resterait 7 % qui ne sont pas d'accord !).

On retrouve dans ces réponses les grandes tendances qui ressortent de notre enquête. La question du terrorisme est très présente ; celle de l'égalité des sexes également ; chez nos étudiants, la mondialisation est plus souvent un sujet d'angoisse que d'espoir, et l'inquiétude face à la perte des libertés y est plus sensible.

Une guerre des générations ?

L'histoire montre qu'aux débuts de l'industrialisation, les sociétés occidentales risquaient beaucoup plus qu'aujourd'hui de connaître des conflits entre générations, en raison de la dureté des conditions de vie lorsque l'exode rural et la condition ouvrière rompaient les anciennes solidarités des familles. Des lois sur la responsabilité filiale – ce qu'on nomme l'obligation alimentaire, inscrite dans le Code civil – ont été promulguées afin d'éviter que les enfants abandonnent des parents sans ressources[15], mais elles ont eu l'effet inverse à celui qui était recherché et ont accentué la fragmentation de la famille et les conflits de générations. C'est l'instauration de la Sécurité sociale qui a renforcé les liens familiaux et la paix entre les générations.

Si les années 1968 et suivantes ont connu une guerre des générations, celle-ci n'avait pas de soubassement économique. La nouvelle jeunesse revendiquait sa liberté, rejetant des normes jugées étouffantes en matière de relations entre les sexes. Elle se rebellait moins contre ses parents que contre le corsetage politique issu d'un autre âge. Des conflits de cette nature ont aujourd'hui disparu, la jeunesse ayant acquis plus d'autonomie, dans la famille et dans la vie sociale. Dans les réponses à nos enquêtes, les jeunes ne réclament d'ailleurs pas plus de liberté, mais plutôt parfois plus de normes.

Un conflit d'une tout autre nature a émergé vers la fin du XXe siècle et au tournant du millénaire : alors que l'amélioration des retraites avait permis de résorber la pauvreté des retraités et leur garantissait un niveau de vie moyen équivalent à celui des actifs, le spectre d'une guerre des générations, alimenté par le vieillissement de la population, a émergé. Il est né du contraste entre deux évolutions simultanées : d'une part, l'amélioration des retraites et, d'autre part, la dégradation de l'emploi des jeunes, consécutive à la crise économique qui a résulté du choc pétrolier et s'est poursuivie durant des décennies ; le taux de pauvreté s'accroissait parmi les jeunes tandis qu'il diminuait parmi les retraités.

Une telle situation, perçue comme une injustice sociale intergénérationnelle, a provoqué un large mouvement en faveur d'une équité entre générations. Cette revendication a été portée aux États-Unis dès les années 1980 par l'organisation AGE (Americans for Generational Equity), soutenue par des mouvements politiques conservateurs et le milieu des affaires, généralement hostiles au développement de la protection sociale. Selon les partisans de AGE, les dépenses publiques pour les personnes âgées seraient trop généreuses et se développeraient aux dépens des actifs et des enfants, dont la situation économique se dégrade. D'après les tenants de cette thèse, qui s'est ensuite largement diffusée en Europe et en France, une telle répartition des ressources sociales creuserait les inégalités entre générations.

Sauf peut-être aux siècles anciens aux évolutions sociales et politiques très lentes, les générations successives ne se situent jamais dans des conditions sociales et historiques identiques ; chacune est déterminée par les périodes qu'elle traverse, avec leurs propres crises ou périodes de prospérité, de guerres ou de paix. Face à l'histoire, les générations ont toujours des destins inégaux. La génération des baby-boomers a bénéficié de la paix, du plein-emploi et de la prospérité des Trente Glorieuses ; elle fait figure de privilégiée par rapport à la génération antérieure, qui a vécu la guerre, et par rapport à la génération suivante, qui a subi la crise On pourrait en déduire qu'elle a connu une situation économique avantageuse tout au long de son parcours de vie et notamment meilleure que celle des générations suivantes. Mais ce n'est pas exactement ce que montrent les statistiques économiques.

Si l'on compare les niveaux de vie moyens des générations successives, sur l'ensemble de leur vie, depuis un siècle, on observe une progression du bien-être économique au fil des générations. Celles qui sont nées avant 1935 et surtout celles nées aux alentours de 1900 étaient très pauvres, surtout durant leur vieillesse ; les situations se sont régulièrement améliorées pour les générations nées dans les années 1960 et 1970[16]. De façon surprenante, et contrairement à l'idée généralement répandue, la génération des baby-boomers, nés entre 1945 et 1949, ne paraît pas privilégiée par rapport à celle qui l'a suivie. Cette dernière a bénéficié, si on compare leurs revenus respectifs aux mêmes âges, d'un niveau moyen de revenus disponibles supérieur à celui de leurs parents, ceux qu'on nomme les boomers. La reconstitution de l'évolution des niveaux de vie selon l'âge et la génération, en prenant en compte l'ensemble des revenus disponibles (salaires, capitaux, transferts publics ou privés) ainsi que la consommation privée, montre clairement que « les générations nées plus tard ont un niveau de vie supérieur ou égal à celui des générations qui les ont précédées et qu'il n'y a pas de génération "sacrifiée", au sens d'une génération qui aurait eu un niveau de vie inférieur à celui de ses aînées. En ce qui concerne les générations récentes, si la croissance des revenus est moins forte que pendant les Trente Glorieuses, elle n'en reste pas moins presque toujours positive[17] ».

Opposant la « pauvreté des enfants et des jeunes » à « l'opulence des retraités », surtout ceux de la génération qui avait connu le plein-emploi au cours des années d'après-guerre, la revendication d'une équité entre générations persiste toujours, ce qui ne peut qu'encourager et légitimer la mise en œuvre de réformes du système de retraite, rendues par ailleurs nécessaires pour faire face au vieillissement accentué de la population et à l'exigence d'assurer l'équilibre financier du système.

Une génération postmatérialiste ?

Dans ce contexte macroéconomique, et même si leur univers premier est celui de leurs pairs, de leur groupe d'âge, nos vingtenaires partagent aussi le monde avec leurs parents et grands-parents. Ils ont bien conscience de vivre un entre-deux alors qu'ils n'ont pas encore entre les mains les rênes de la société. Même rajeuni, l'âge du personnel politique, si l'on prend l'exemple de l'Assemblée nationale, tourne autour de la cinquantaine. Les voilà contraints de ronger leur frein en attendant de pouvoir mettre en œuvre leurs idées qui progressent inexorablement.

La discrimination de l'emploi à l'égard des plus de 55 ans renforce la ségrégation des âges, qui se manifeste dans les modèles de loisir, les pratiques associatives, fondées souvent sur des intérêts partagés par des personnes d'âges proches. Cette séparation s'impose d'autant plus que s'élargit la distance entre générations, du point de vue des valeurs et des mentalités. En effet, à la transition économique, qui produit une spécialisation des âges, se superpose une transition culturelle. Selon Ronald Inglehart[18], des générations postmatérialistes succéderaient aux générations matérialistes, incarnées par les personnes les plus âgées aujourd'hui. Cette thèse mérite réflexion, car elle a l'avantage de s'appuyer sur de vastes enquêtes répétées depuis vingt ans. Cet universitaire américain spécialiste de science politique définit le système de valeurs matérialistes par la priorité donnée aux moyens de subsistance et à la sécurité[19]. Dans le système de valeurs postmatérialistes, ces préoccupations sont reléguées au second rang au profit d'autres priorités, comme le sentiment d'appartenance, l'épanouissement de la personnalité, la qualité de la vie. Les choix se portent alors de préférence sur la liberté d'expression, le souhait d'une plus grande participation des citoyens aux décisions du gouvernement, la préservation de l'environnement. Des enquêtes menées dans six pays européens, de 1970 à 1990, montrent une augmentation régulière du nombre des « postmatérialistes », dans les générations successives de jeunes, définies par des cohortes de naissance, regroupées en périodes décennales. Au cours de ces vingt années, le taux de postmatérialistes, au sein d'une même génération, n'a pas diminué, il aurait même légèrement augmenté, le vieillissement ne semblant pas modifier le système de valeurs. De plus, l'évolution postmatérialiste se poursuivrait auprès des nouvelles générations, malgré la crise économique. Le changement est évidemment progressif et reflète l'évolution survenue au cours des années formatrices, qui ont modelé les différentes générations.

Si les normes et les valeurs traditionnelles sont encore largement présentes parmi les générations les plus âgées, à mesure que les générations se remplacent, la *Weltanschauung*, soit la conception, la vision du monde dominante des sociétés, se transforme. À terme, les valeurs matérialistes, aujourd'hui encore majoritaires du fait de la mainmise des plus âgés sur le système politique, devraient devenir minoritaires.

Cette évolution a été certainement produite par un phénomène de contagion inter- et intragénérationnelle, les jeunes influençant les plus âgés, ce qui va dans le sens d'une des analyses de Margaret Mead[20]. Rappelons que la grande anthropologue américaine avait distingué trois étapes dans l'histoire des cultures et des sociétés : une culture postfigurative, dans laquelle les enfants sont avant tout instruits par leurs parents ; une culture cofigurative, où adultes et enfants apprennent de leurs pairs ; enfin, une culture préfigurative, au cours de laquelle les parents apprennent de leurs enfants. Dans le monde occidental et petit à petit dans toutes les sociétés modernes, cette étape aurait été atteinte dans la dernière partie du XXe siècle, un fossé séparant les jeunes qui veulent accélérer le changement et les anciens qui se raccrochent au passé. Et cependant, même au plus fort de la crise des années 1968 et suivantes, les liens entre parents et enfants étaient rarement rompus, et la continuité dans la transmission des valeurs, y compris des valeurs politiques, restait majoritaire.

En ce début de XXIe siècle, si on ne peut davantage parler de culture préfigurative, les aînés n'adoptant pas nécessairement les façons de faire et de penser des plus jeunes, on observe une coupure générationnelle, estime Jean-Pierre Le Goff, pour qui « le fil des générations est rompu[21] ». Les jeunes de ce début du millénaire témoignent d'une nouveauté radicale, celle d'une « génération désenchaînée[22] », souvent d'ailleurs dans la violence, d'une génération postmatérialiste et qui va d'autant plus vouloir faire entendre ses revendications et ses projets qu'elle a traversé la crise sanitaire. Les aspirations des jeunes telles que nous les développons dans les chapitres qui suivent montrent qu'un saut majeur devrait se produire dans les décennies à venir, quelle que soit l'orientation prise par la société, une fois la pandémie de 2020 jugulée.

CHAPITRE TROIS

La famille des vingtenaires au prisme des générations

En 2020, on est face à un paradoxe générationnel : tandis que la jeunesse conteste et ignore l'héritage des aînés, nous l'avons vu, les relations entre les générations et au sein de la famille proche n'ont cependant jamais été aussi bonnes sur le plan interpersonnel.

Dans les années 1950, la modernité familiale était annoncée avec la « nucléarisation » de la famille, le repli sur le couple conjugal et les jeunes enfants et la lente dissolution des liens intergénérationnels. Non seulement une telle réduction de la famille ne s'est pas vérifiée, mais c'est au contraire la vitalité des réseaux de parenté qui s'est affirmée. Les liens familiaux se sont développés dans le sens vertical principalement, favorisés par l'allongement de la vie, l'avènement de familles multigénérationnelles et des politiques publiques de soutien aux plus âgés. Ces liens se sont renforcés alors que le lien conjugal devenait plus fragile. Les anthropologues, spécialistes de la parenté, ont bien montré que lorsque la relation matrimoniale était faible, la relation de filiation prenait plus d'importance. C'est dans un même regard que l'on doit analyser les liens de parenté et les liens de conjugalité, autrement dit le rôle des générations et celui du couple parental et conjugal. Le grand anthropologue anglais Jack Goody[1] notait il y a bien longtemps qu'étudier séparément conjugalité et filiation a été très préjudiciable à la compréhension de l'institution familiale et du monde social. La reconnaissance du lien intergénérationnel est une des caractéristiques de la famille qui a vu naître les vingtenaires de l'an 2020.

Le contexte démographique et sociopolitique explique aussi le paradoxe des générations. Loin de voir se réaliser la thèse du processus d'individualisation[2], selon lequel l'individu doit « idéalement parvenir à se définir par lui-même, à ne plus dépendre avant tout de ses appartenances héritées », les jeunes, même s'ils aspirent à l'autonomie, sont profondément marqués par ces liens familiaux. Le système social français les fait dépendre encore fortement de leurs parents, voire de leurs grands-parents.

Un nouveau contexte de longévité

Les progrès des conditions de vie, de la médecine et de la biologie ont permis de réduire la mortalité infantile et de faire face aux maladies du vieillissement. Il en est résulté une augmentation forte et rapide de l'espérance de vie. En 2019, en France métropolitaine, l'espérance de vie à la naissance atteint 79,8 ans pour les hommes et 85,7 ans pour les femmes. Au cours des soixante dernières années, les hommes ont gagné 13 ans d'espérance de vie, les femmes 12,3 années[3]. Ces gains vont se poursuivre, le nombre de centenaires[4] augmenter, et nos vingtenaires seront nombreux à franchir le seuil du XXIIe siècle.

Le nombre des plus de 75 ans sur l'ensemble de la population s'est accru avec le vieillissement de la génération nombreuse des baby-boomers ; il va continuer de s'accroître jusqu'à sa disparition pour diminuer ensuite, vers 2030, après une période marquée par plus de décès que de naissances, et donc une diminution de la population, qui sera partiellement compensée par un solde migratoire positif. Sans être parfaitement conscients de cette situation démographique, les jeunes savent qu'elle aura un coût important dans le cadre de notre système de sécurité sociale.

Si la vie s'allonge d'un côté, le nombre de naissances diminue. La baisse de la fécondité, variant de 1,8 enfant par femme à 2,1, a réduit le nombre de collatéraux et, en conséquence, la taille de chaque génération. Alors que, dans les familles nombreuses d'autrefois, la fratrie représentait un réservoir de relations et d'aides importantes, dans les familles restreintes multigénérationnelles, une grande partie des liens se noue verticalement. La composition des familles prend alors la forme d'une « cosse de haricot[5] », car il y a superposition des degrés générationnels, avec peu de membres à chaque étage. De ce fait, l'importance numérique relative des grands-parents par rapport aux petits-enfants augmente. Entre des enfants arrivant à l'âge adulte et des parents devenus vieux, la génération intermédiaire joue un rôle important de « pivot ».

La durée du compagnonnage entre générations augmente. Il y a deux siècles, les trois quarts des jeunes n'avaient plus un seul grand-parent à 21 ans, l'orphelin de père et de mère étant âgé en moyenne de 29 ans ; dans les années 1970, c'était autour de 55 ans que l'on perdait ses parents ; au XXIe siècle, il est de plus en plus fréquent, à l'âge de la retraite, d'avoir toujours ses vieux parents en vie. On compte désormais deux générations de retraités. Si, dans le rythme ancien des successions, le père laissait la place au fils, aujourd'hui grand-père, père, fils voient leurs trajectoires se superposer. Et, pour la première fois dans l'histoire des sociétés, les jeunes de 20 ans comptent non pas deux, mais trois générations vivantes au-dessus d'eux.

Avec l'allongement de la vieillesse, l'ensemble du cycle de vie, de l'adolescence à l'âge adulte et à la vieillesse, se transforme. La jeunesse s'allonge, la durée des études se prolonge, la phase d'insertion dans la vie adulte, hier réservée aux 18-20 ans, s'est désormais décalée dans le temps aux 20-25 ans et s'étale parfois jusqu'à 32 ans. Ces changements se répercutent sur les stades ultérieurs de la maturescence, dont les différents âges acquièrent des identités propres : les « quadras », encore jeunes, se distinguent des « quinquas » qui revendiquent une nouvelle jeunesse, ce qui leur a valu le nom de « quincados ». Quant à ceux qui atteignent la soixantaine, qui, rappelons-le étaient encore comptabilisés dans les statistiques des années 1970 parmi les « personnes âgées », ils sont devenus « sexigénaires » tant leur apparence a gardé des attraits. Lorsque, avec l'épidémie de Covid-19, le gouvernement a incité les plus de 70 ans à rester chez eux afin de se protéger, nombreux et nombreuses ont été ceux et celles qui ont protesté de leur bon état de santé, et même de leur volonté d'aider dans le contexte de cette crise, notamment les infirmières retraitées qui ont proposé de reprendre du service dans les hôpitaux.

C'est dans ce contexte démographique inédit dans l'histoire de l'humanité qu'il faut replacer les mutations des relations au sein du couple et entre les générations. Si la nouvelle est en rupture avec l'ancienne, les liens interpersonnels ne sont pas pour autant rompus.

L'importance des liens intergénérationnels

Loin d'affaiblir la famille, le vieillissement semble contribuer au contraire à la renforcer. Est-ce parce que les générations coexistent plus longtemps que leurs solidarités se développent ? Phénomène général en Europe, comme en France, les familles se caractérisent par la vivacité de leurs relations et en particulier l'importance des liens de filiation. L'épidémie de Covid-19 a été un révélateur public de ces liens, enfants craignant pour la vie de leurs parents âgés, eux-mêmes en détresse parce qu'ils étaient coupés de la présence de leurs enfants et petits-enfants, que ne remplaçaient guère un coup de fil ou un message WhatsApp. Il y a certes des différences dans l'expression de ces solidarités intergénérationnelles entre les pays d'Europe du Sud et ceux du Nord, mais leur importance ne se dément pas.

Au début des années 2000, deux grandes enquêtes simultanées, mais fondées sur des protocoles différents, ont été conduites à l'échelle de l'Europe, interrogeant les relations et les transferts intergénérationnels. SHARE (*Survey of Health, Aging and Retirement in Europe*) est une enquête internationale, appuyée sur de grands échantillons représentatifs concernant 45 000 individus âgés de 50 ans et plus ; elle a pour objet de suivre l'évolution de la santé, des conditions et des modes de vie des Européens à mesure de leur vieillissement et s'inscrit pour cela dans la durée, les enquêtes se répétant au fil du temps[6]. KASS (*Kinship and Social Security*) se proposait, elle, de comparer les formes et les niveaux de soutien au sein de la parenté, tant privés que publics. L'enquête qui a démarré en 2003 cherchait à tester si les soutiens publics se substitueraient aux soutiens privés (hypothèse du *crowding out*), mettant ainsi en corrélation les relations intergénérationnelles avec les différentes politiques publiques des États européens. Elle s'intéressait également aux différences nationales perceptibles quant à la solidité des liens : pays aux liens familiaux faibles, pays aux liens familiaux forts[7] ; personnes âgées qui, dans le Sud, reçoivent le plus d'aides financières de la part de leurs enfants, alors que dans le Nord, ce sont les jeunes[8].

SHARE comme KASS[9] associent l'importance des relations de parenté aux modes de résidence : ainsi, là où la cohabitation est élevée et où les résidences des enfants sont proches de celles de leurs parents, l'aide et l'assistance sont plus élevées, comme dans les pays du sud de l'Europe ; dans le Nord, où la cohabitation est très rare, l'entraide associe plusieurs foyers. Les données de l'enquête SHARE font apparaître que seulement 8 à 10 % des enquêtés vivent avec un enfant adulte pour les pays du Nord, entre 15 et 22 % pour les pays du centre de l'Europe et entre 37 et 43 % pour ceux du Sud[10]. S'observe le développement de stratégies résidentielles qui, outre le prix du marché de l'immobilier, intègrent ces données familiales. C'est surtout lorsqu'ils deviennent parents à leur tour que de jeunes couples font le choix de s'installer à proximité de leurs aînés, ce qui leur permet de bénéficier des aides des grands-parents pour leurs enfants en bas âge. Ceux-ci sont régulièrement investis dans la garde de leurs petits-enfants, sur une base régulière, au cours des vacances, ou en cas de problème inattendu. Avec la fermeture des crèches, écoles, collèges, lycées, imposée subitement en mars 2020 par la pandémie, les parents ont justement fait remarquer leur désarroi, l'appel à la rescousse des grands-parents, normal en cas de crise, étant désormais interdit, pour éviter toute contamination des plus âgés. Tant les grands-parents que les parents se sont trouvés dans l'embarras, d'où le départ, quand il était possible malgré le confinement, vers des maisons familiales où les parents pourraient continuer à travailler sur leurs ordinateurs, tandis que les grands-parents veilleraient sur les petits-enfants.

Ces modes d'interaction ont ceci de spécifique qu'ils suscitent non seulement la réciprocité directe des échanges, mais aussi une forme particulière de réciprocité indirecte, le long de la chaîne générationnelle, qui consiste à rendre à ses enfants ce que l'on a reçu de ses parents. Le don et la dette circulent en permanence le long des lignées. Les sociologues Françoise Bloch et Monique Buisson[11] en rappellent l'origine dans la dette engendrée par le don initial, le don de la vie[12] – comme le disent les écrits brahmaniques, « quiconque existe naît en tant que dette, il est défini par elle ». Un jeu de la dette, du don et du contre-don qui fonctionne tout au long du cycle de vie où donner, c'est rendre et recevoir. Un fonctionnement à la dette qui nourrit un lien intangible et qui s'applique pleinement à la relation filiale au cours de la vieillesse[13]. Ces aides matérielles multiples, par exemple en ce qui concerne l'éducation des petits-enfants, contribuent à créer une proximité affective entre générations, cultivée dès le plus jeune âge par la fréquence des contacts intergénérationnels. La chaîne affective résiste en dépit des profonds désaccords contemporains. Bien que des conflits surviennent, surtout lorsque les petits-enfants sont étudiants ou confrontés au marché du travail, voire au chômage, les solidarités continuent d'être fortes. Quand se pose le choix d'aider tel ou tel des enfants, les soutiens vont généralement à ceux qui en ont le plus besoin, en termes de niveau de vie, à la fois sous forme d'aide financière et de soutien moral[14]. Ce sont les étudiants ou chômeurs qui en bénéficient de préférence. Du côté des jeunes, la possibilité de recevoir aide et assistance de la famille accroît très significativement leur sentiment de satisfaction de la vie. Plus généralement, les effets massifs du soutien intergénérationnel concernent le logement : les dons d'argent, réguliers ou occasionnels, ainsi que les donations et héritages reçus des parents et aussi des grands-parents permettent d'accéder plus facilement à la propriété et de disposer d'un bien immobilier d'une plus grande valeur[15].

Pour reconnaissants qu'ils soient de ces divers dons et aides, les jeunes de la génération horizontale sont cependant plus souvent en relation avec leurs pairs qu'avec leurs grands-parents. Le déjeuner familial du dimanche appartient à un passé aussi révolu que le port des chaussures en cuir.

La cassure des années 1970

C'est dans le temps de ces évolutions macrosociales, économiques et démographiques qu'il faut replacer les mutations de l'institution familiale, qui s'est profondément transformée au cours des cinquante dernières années. Alors que se mettait en place ce nouveau régime des relations intergénérationnelles, la formation des couples a connu des transformations radicales.

L'espace familial dans lequel évoluent nos jeunes de 20 ans est instable, mais peut-être moins que celui de leurs propres parents qui ont vécu des changements importants à l'origine desquels se trouvent leurs actuels grands-parents. En 2002, le sociologue Henri Mendras écrit ainsi : « En vingt ans, la monogamie absolue instaurée par le Christ et réitérée avec force par saint Paul [...], ce fondement de la civilisation de l'Occident chrétien, s'écroulait sous l'influence de quelques soixante-huitards : révolution de mœurs à l'échelle millénaire dont on n'a pas encore mesuré les conséquences ultimes sur notre système de filiation et sur la construction de la personnalité des enfants. » Dressé il y a une vingtaine d'années, ce bilan des transformations qui ont affecté le couple et la famille à partir de la fin des années 1960 comportait ainsi une prophétie, celle de la « mort de la famille », titre d'un ouvrage qui a fait beaucoup de bruit[16]. De son côté, la revue *Autrement* publiait en 1975 un numéro également provocateur « Finie la famille ? ». L'écroulement de la famille redouté par Mendras n'a cependant pas eu lieu ; c'est plutôt Louis Roussel, évoquant dès 1989 la famille « incertaine[17] », qui a trouvé le juste terme pour qualifier l'institution familiale.

Cette révolution soixante-huitarde à laquelle Mendras fait allusion est certes un début, une ouverture plus grande à la liberté dans le domaine des médias notamment et, dans le domaine familial, aux relations sexuelles et à l'égalité de genre ; elle est issue elle-même de l'effacement, relativement rapide, d'une famille patriarcale, telle que l'avait conçue Napoléon, dans le cadre d'une société sous la coupe des normes catholiques du mariage. Il aura fallu deux grandes guerres meurtrières pour que les femmes, instrument du changement, fassent craquer les jointures de cette société étouffante. L'une des deux auteures de cet ouvrage se rappelle avoir eu besoin de la signature de son père pour ouvrir un compte en banque, alors qu'elle était déjà employée, indépendante et salariée.

Rétroactivement on peut parler des années 1960 comme d'un « âge d'or » de la nuptialité, caractérisé par un âge au mariage très bas, 25 ans pour les garçons, 22 pour les filles ; les mariages étaient très nombreux, à tel point que les démographes ont calculé que seulement 5 % des femmes nées en 1940 resteraient célibataires ; enfin le taux de divorce était très bas. Curieusement, en dépit d'une situation favorable au plan démographique grâce au baby-boom, des inquiétudes se manifestaient : la jeunesse des conjoints était critiquée. L'amour qui fondait ces mariages, comme le voulait la norme d'alors, et le happy end des films américains d'après-guerre n'allaient-ils pas les fragiliser ? Et de fait, les grands-parents de nos vingtenaires ont secoué l'institution, quelque temps même avant 1968. Ils ont repoussé année après année l'âge au mariage, à la première naissance, et les divorces se sont multipliés. Et, dès les années 1970, les sociodémographes ont été alertés par le retournement des courbes du mariage, du divorce, de la fécondité. Rupture en douceur et qui passe un moment inaperçue, les relations entre la sphère privée et la sphère publique se sont redessinées. Refuser le mariage, c'était alors refuser de soumettre ses sentiments personnels à l'ingérence de l'État. L'amour comme fondateur du mariage était après tout une invention récente dans l'histoire de cette institution, se substituant aux processus des mariages arrangés. Amour et mariage qui étaient associés se séparent alors jusqu'à apparaître comme antinomiques. Si, dans les années 1970, ce refus du mariage apparaît comme militant, il s'inscrit ensuite dans les mœurs au fur et à mesure des transformations profondes de la société, concernant notamment les femmes. Jacques Commaille, un sociologue du droit, écrit ainsi en 1982 que « le mariage se réduit à une commodité sociale ; ce qui fonde l'union, c'est la fusion amoureuse ». De quoi s'agit-il : d'un rejet, d'un refus, d'un retard ? Ce qui était impensable en 1970 devient la norme dans les années 1980, les jeunes s'installent dans un couple qui peut être éphémère ou qui peut déboucher sur une union stable, marquée par un passage devant le maire, que réclament encore les parents.

Le modèle « parsonien » du mariage des années 1930-1960 – du nom de Talcott Parsons, un sociopsychologue américain – est corollairement remis en cause[18]. En effet, selon cette théorie « fonctionnaliste » qui a connu un temps quelque retentissement, le couple conjugal fonctionnerait sur des bases sexuées fortement différenciées : le mari assure le gagne-pain de la maison, tandis que la femme lui offre ainsi qu'aux enfants un soutien psychologique. Ce modèle de couple représente donc un rouage nécessaire au développement de l'industrialisation pour fabriquer des individus aptes à apporter leur contribution à la société vue comme une sorte de machine. De plus, ce couple que l'on qualifie de « nucléaire » doit être indépendant du poids des liens familiaux entre générations. Mobilité géographique et sociale en sont tout à la fois la cause et la conséquence. Mais ce modèle théorique, d'ailleurs pensé pour la société américaine où les liens familiaux sont plus faibles que dans les sociétés européennes pour des raisons historiques, conçu à une époque dominée par l'industrialisation, n'a jamais existé dans la réalité : les liens familiaux avec la famille élargie et les parents âgés qui, certes, vivaient moins longtemps, n'ont en effet jamais été rompus. Le modèle de la famille parsonienne s'avère non seulement caduc, mais erroné.

Par ailleurs, la révolution des mœurs conjugales qui s'est effectuée à bas bruit est associée à la montée de l'autonomie féminine soutenue par les grandes lois sur l'avortement et la contraception ; l'entrée des femmes sur le marché de l'emploi a bouleversé l'économie du couple, tandis que, comme on l'a vu, les liens entre générations n'ont jamais été coupés. Ce sont les grands-parents de nos jeunes qui sont à l'origine de ces changements.

Pour expliquer la baisse du nombre des mariages et la mise en couple des jeunes, les sociologues ont d'abord pensé à une nouvelle sorte de fiançailles, d'essai prénuptial en quelque sorte, qualifiée de « cohabitation juvénile stérile », mais ils se sont rapidement rendu compte qu'il s'agissait d'un nouveau modèle que les grands-parents et les parents de nos jeunes vont plébisciter : des enfants, et de plus en plus, sont mis au monde par ces couples informels : 6 % en 1965, 20 % en 1985, 40 % en 2000, 60 % en 2020. Ces naissances qu'on nommait « hors mariage » en 1960 ont pour conséquence de mettre plus encore qu'il y a trente ans l'enfant au cœur de la famille. C'est sa naissance qui la crée, car elle a l'art de donner une place sociale à quatre personnes, jusqu'ici sans aucun lien légal, qui deviennent des grands-parents auxquels on reconnaît droits et devoirs à l'égard du nouveau-né et de ses parents.

Des grands-parents innovateurs

Au choix de se marier ou non, correspond le choix de rompre l'union contractée. Les grands-parents des jeunes ont forcé la porte du législateur ; il a dû réviser l'antique loi Naquet votée en 1884 qui faisait du divorce la punition du conjoint qui avait été infidèle au pacte matrimonial. La première loi sur le divorce de 1975 est d'un esprit tout autre et autorise la rupture de l'union, sans qu'il soit besoin de constater une faute. Plusieurs autres lois suivront qui en assoupliront encore les conditions, mais celle-ci marque une nouvelle relation au divorce, qui n'est plus tabou. Les grands-parents des jeunes et leurs jeunes frères et sœurs ont divorcé en nombre dès les années 1975. Ils sont aussi à l'origine de l'invention d'un nouveau modèle familial, les « familles monoparentales ». Après un divorce, les femmes se retrouvent seules avec leurs enfants et un qualificatif approprié devait remplacer celui de « filles-mères », qui avait longtemps été utilisé pour stigmatiser les femmes élevant leurs enfants sans le secours d'un époux. Désormais, la monoparentalité entre dans les statistiques nationales et redonne à ces chefs de famille féminins, et aussi de plus en plus masculins, toute leur légitimité. Statistiquement 22 % de nos jeunes adultes vivent en 2015 en famille monoparentale, soit près de 1 enfant sur 4. Cette situation peut toutefois être éphémère surtout lorsque la femme est assez jeune ; elle conduit à une remise en couple, qu'on a dénommée dans les années 1980 « recomposition familiale ». Il s'agit d'un couple, marié ou non, qui élève un enfant issu d'une précédente union de l'un des deux.

Ce sont les baby-boomers, nés aux alentours de 1945, qui ont porté ces nouveaux modèles qui, s'ils étaient de l'ordre de l'exception en 1970, sont devenus la norme dès les années 1980. La diversité de ces modèles, acceptés aux côtés du couple conjugal stable, a conduit à parler de l'institution familiale au pluriel. Environ 10 % de nos jeunes d'aujourd'hui ont donc été élevés dans ces nouveaux cadres familiaux, inventés par leurs grands-parents et plébiscités par leurs parents. Ces formes familiales ont été et continuent d'être des laboratoires d'expérimentation des relations familiales, l'enfant vivant entre deux foyers, celui du père biologique, celui de la mère et de son compagnon avec lequel il passe souvent plus de temps qu'avec le parent biologique, entouré ou non de frères, demi-frères ou faux frères, une famille souvent à géométrie variable en fonction des âges des uns et des autres. Parlant de « famille incertaine », Louis Roussel attirait l'attention sur les conséquences du divorce sur les enfants, parfois ballottés entre plusieurs configurations familiales dont les normes divergentes pouvaient créer de profondes dissonances cognitives. À chaque famille recomposée correspond son modèle qui a mis à mal la répartition classique des rôles qui était la norme jusque dans les années 1970. À leur propos, et faisant référence à la formulation parsonienne, le sociologue anglais Bob Simpson[19] a lancé un jeu de mots : nous serions passés de la *nuclear family* à la *unclear family*. C'est une allusion au modèle que les grands-parents de nos jeunes de 20 ans ont contribué à faire craquer.

La montée de l'égalité des sexes

Les grands-parents de nos jeunes de 20 ans ne se sont pas contentés de bouleverser les structures familiales. C'est à eux et surtout à elles que l'on doit les grands mouvements qui ont permis aux femmes d'acquérir le droit de prendre en main le contrôle de leur fécondité. Le mouvement du Planning familial, sur le modèle d'un mouvement bien antérieur fondé aux États-Unis, date de 1960 ; c'est son action qui conduira aux deux grandes lois sur l'accès à la contraception (1967, 1974) et à l'avortement (1975). Ces acquis font partie du paysage de la sexualité contemporaine des jeunes d'aujourd'hui. S'ils et elles ignorent les luttes qui ont été nécessaires pour obtenir ces droits, il leur incombe désormais de se battre pour les conserver.

Sexualité et reproduction se sont donc trouvées dissociées au moment où les jeunes femmes s'engouffraient sur le marché du travail. Et ce sont les mères de nos jeunes qui ont mis en œuvre cette autre révolution douce qui modifie les rapports au sein du couple et les rapports avec les enfants. La montée de l'égalité homme-femme, bien qu'imparfaite au sein de la société, a donné aux femmes une autonomie qu'elles ont conquise en entrant sur le marché du travail.

Enfin éduquées à l'égal des garçons, les mères de nos jeunes ont choisi, c'est une caractéristique française, de travailler si possible à temps plein, tout en mettant au monde et en élevant leurs enfants. L'économie des Trente Glorieuses (1955-1975) a donc accueilli ces jeunes femmes qui ont trouvé des emplois dans les nouveaux secteurs tertiaires qui s'ouvraient sur le marché, le social, le culturel, le touristique et dans l'éducation. Malgré les crises, et premières visées par le travail à temps partiel, ces jeunes femmes se sont maintenues sur le marché de l'emploi. À partir de 1990, le nombre de couples dont les deux membres ont un emploi est supérieur à celui des couples où seul l'un des deux travaille et 70 % de nos jeunes ont été élevés dans un couple où les deux parents travaillent. Cette autonomie féminine, quoique relative, a donc contribué à remettre en cause le modèle de mariage des années 1970 encore fondé sur une division stricte des rôles. Dès les années 1990, les jeunes pères se sont bien plus impliqués auprès de leurs enfants, y compris dès la naissance, que la génération des grands-pères. Dans l'enquête que nous avons conduite auprès des grands-parents[20], ceux-ci disaient découvrir avec bonheur la prime jeunesse de leurs petits-enfants, alors qu'ils étaient passés complètement à côté de celle de leurs propres enfants.

Bien que l'évolution de la répartition des tâches domestiques au sein du foyer, telle que la mesure les enquêtes, n'évolue que trop lentement, laissant encore la majorité des tâches à la femme et notamment la charge mentale de l'organisation de la vie du foyer, des modèles plus égalitaires se sont mis en place depuis une vingtaine d'années. La figure d'un nouveau père plus proche de ses très jeunes enfants est favorisée par les politiques publiques ; une vie de couple plus égalitaire sera peut-être une des conséquences du confinement imposé par l'épidémie de Covid-19. *Une belle équipe,* un film sorti en 2020[21], qui met en scène une équipe féminine de foot quelque peu improvisée, incarne avec humour la montée en puissance de l'égalité des rôles sexuels. Dans ce film, les femmes mettent le monde à l'envers, faisant passer en premier les nécessités de leur entraînement et laissant, à coups de Post-It sur le réfrigérateur, l'organisation des tâches domestiques aux hommes. Dans un autre champ, celui de la musique, petit à petit, on observe aussi une transgression dans les normes de genre. Lorsque les jeunes filles ou les jeunes femmes jouent au football, font du jazz ou de la trompette, elles se placent dans un entre-deux sexuel revendiqué[22].

La famille des homosexuels

La fin du XXe et le début du XXIe siècle ont vu le vote de lois qui traduisent la place croissante que prend la question de l'homosexualité dans le débat public. C'est au cours des années 1980, donc pendant l'adolescence des parents de nos jeunes, qu'éclate l'épidémie de sida, laissant démuni, sans protection sociale celui du couple qui survit à la maladie. Les homosexuels militent donc pour faire reconnaître leurs droits en tant que couples. En 1999 une première loi visant à donner un statut légal aux partenaires, quel que soit leur sexe, est votée, le pacs (pacte civil de solidarité), puis la réforme de 2005 rapproche la situation des mariés et des pacsés notamment sur le plan fiscal et dans ses effets publics. Destiné à l'origine aux couples de même sexe, les couples hétérosexuels se sont emparés du pacs, comme mode d'union plus facile à nouer et à dénouer qu'un mariage, à tel point qu'en 2018, on compte 4 pacs pour 5 mariages. La poussée du mouvement homosexuel, puis LGBTQ+, la visibilité des familles homoparentales, la transformation du regard sur les homosexuels et l'avènement de la gauche au pouvoir en mai 2012 ont conduit la France, suivant la voie ouverte par plusieurs pays européens, à instaurer par la loi du 17 mai 2013 un « mariage pour tous ». Nos vingtenaires, encore enfants alors, ont certainement perçu l'écho des violentes contestations et manifestations face à ce projet, concernant notamment les effets sur la filiation. Mais autant il y eut de vives oppositions, autant la nouvelle génération semble en avoir absorbé les nouvelles dispositions. Si laconiques que soient les réponses de nos étudiants enquêtés, il est clair que la question de l'homosexualité et plus généralement du mouvement LGBTQ+ n'est plus l'objet de débats. De manière récurrente, figure parmi les défis cités le combat contre toute forme de contestation concernant ces nouveaux modèles. Parmi les questions de société qu'ils et elles auront à prendre en compte, plusieurs mentionnent la loi sur la procréation médicalement assistée. Ce qui apparaissait comme impensable à leurs grands-parents devient une norme nouvelle de la société qu'ils ont intégrée au nom de l'égalité des sexualités.

Nouveaux parents, nouveaux enfants

L'effacement du régime patriarcal n'a pas seulement changé le statut des femmes et le rapport entre les sexes, substituant à la hiérarchie l'égalité. Il a aussi transformé les rapports entre parents et enfants. La famille patriarcale, qu'elle soit bourgeoise ou ouvrière, faisait de sa reproduction sociale l'objet de toutes ses préoccupations : voir les enfants mettre leurs pas dans ceux de leur père, gérer l'héritage pour les premiers, entrer à l'usine rapidement pour participer à l'amélioration des revenus familiaux pour les seconds. Les enfants étaient donc élevés sous un régime d'autorité, incarné par le père, tandis que la mère, figure aimante, apportait la douceur qui pouvait manquer. Une telle description est bien schématique, mais elle est utile pour comprendre le bouleversement qui s'est instauré pour les parents de nos jeunes qui ont été élevés selon de tout autres principes. Ces parents ont été des enfants voulus, désirés, mis au monde au moment qui convenait au couple dans le cycle de sa vie professionnelle[23]. Ils n'ont pas subi de pression pour se conformer à un modèle parental ou répondre à des exigences filiales, comme être le soutien des vieux jours de leurs aînés. L'enfant est l'expression de l'amour et, selon les sociologues des années 1980, devient un miroir du « nous ». L'enfant des années 1990 se « privatise et prend sens par les gratifications affectives qu'il apporte au couple ». La psychologisation des relations qui s'empare alors de la société conduit à écarter la notion d'autorité, associée à celle d'autoritarisme : pour les parents, il s'agit plutôt de diriger les enfants en fonction de leurs capacités et aspiration propres.

Ainsi, en même temps que s'installait dans les années 1970 la norme d'un couple plus égalitaire fondé sur l'amour, s'imposaient de nouveaux modèles éducatifs, dont l'objectif était d'aider l'enfant à s'épanouir, à devenir lui-même. Dans l'espace de relations affectives qu'est devenu le groupe familial, le modèle d'amour et d'affection, dans les relations conjugales aussi bien que parentales, a pris la place des liens traditionnels fondés sur l'autorité qui étaient souvent, comme l'ont montré les historiens, accompagnés d'une certaine indifférence. Des sociologues, comme François de Singly[24], voient dans la famille de la fin du XXe siècle un lieu central de la construction identitaire, la clé du processus de la « révélation de soi » ; la notion de respect n'en a pas disparu, mais a changé de sens : « Elle marque désormais la reconnaissance, non plus d'une autorité supérieure, mais du droit de tout individu, petit ou grand, d'être considéré comme une personne. » Singly décèle dans les modèles d'éducation visant à adoucir les contraintes externes des traces de ce nouveau romantisme, défini par Norbert Elias comme un « rêve d'échapper à l'augmentation des contraintes civilisatrices, c'est-à-dire à la croissance de l'autocontrôle de soi[25] ». Plus question d'éduquer de la même façon tous les enfants du couple, il faut s'adapter à chacun, faire advenir ses qualités propres et l'aider à réaliser ses désirs. À cette vision plutôt optimiste s'opposent certes les nombreuses ambiguïtés et tensions de ce projet familial, dont l'actualité, la littérature, scientifique ou non, et le cinéma témoignent largement. Et au tout premier chef, les conséquences de la rupture du couple conjugal qui conduit l'enfant à vivre dans plusieurs foyers où les normes éducatives peuvent être éloignées, voire contradictoires. Si, suivant les aspirations nouvelles des couples à se séparer plus facilement, les lois ont été assouplies, l'État qui s'estime neutre face aux choix des couples ne peut se désintéresser du sort de l'enfant. Il reconnaît la fonction centrale du lien parental dans la construction de l'identité personnelle et cherche à garantir la pérennité du double lien familial.

En même temps, face à cette conjugalité instable, l'importance du lien entre les générations au-delà de celle des parents a été redécouverte et rendue possible à la fois par l'allongement de la vie et les politiques publiques de soutien aux personnes âgées.

Telle est la famille, telles sont les familles au sein desquelles la nouvelle génération a été élevée. L'effondrement prophétisé par Henri Mendras ne s'est pas réalisé, mais des mutations importantes dans l'ordre de la filiation sont à l'œuvre : d'un côté, le développement des familles homoparentales ; de l'autre, et ce n'est pas exclusif, les relations intergénérationnelles. Si les premières ne représentent qu'un faible pourcentage dans l'univers des familles, ne serait-ce que symboliquement, leur présence est très visible dans le débat public. C'est la prochaine génération qui pourra s'interroger sur les conséquences d'un relatif effacement de la double filiation sexuée. On peut se demander si l'axe de la filiation qui a été pour les deux générations antérieures un des pivots du groupe familial et le garant de sa permanence jouera le même rôle pour nos vingtenaires. Et, à l'inverse, si, après plusieurs décennies d'instabilité, le conjugal ne retrouvera pas ses droits.

L'impossible transmission

Loin d'appartenir au domaine du privé, la famille, les familles, ces évolutions le montrent, sont directement en prise avec les changements sociaux, politiques et technologiques. Ainsi, le contexte familial dans lequel nos vingtenaires ont été élevés interfère avec cette innovation majeure que sont Internet et la révolution technologique, mentionnés massivement dans l'enquête. Ils et elles sont venus au monde et ont grandi dans un environnement totalement nouveau, celui du numérique. Le modèle mis en place par la génération précédente, fait de libertés et de concessions réciproques, est mis à mal.

Les nouveaux enfants, les nouveaux jeunes sont socialisés dans un environnement inédit. Les relations familiales sont marquées par un paradoxe : d'un côté, le paysage familial intergénérationnel est plutôt affectueux et apaisé et la coexistence de quatre générations – « l'incontemporanéité des contemporains », selon la formule de l'historien d'art Wilhelm Pinder[26], pourrait dessiner une chaîne de transmission inédite dans l'histoire de l'humanité. Et pourtant c'est au déclin de la transmission que l'on assiste. Dans l'univers digital du XXIe siècle, les influences intragénérationnelles n'ont fait que se renforcer au détriment des échanges et confrontations avec les générations antérieures. Les dissonances d'expériences, de modes de vie, de représentations ont été trop fortes et brutales pour que les pratiques et les façons de penser d'autres générations puissent servir de modèle. Les mécanismes de transmission achoppent sur les nouvelles technologies, qui ont révolutionné la vie des jeunes – changement majeur cité pratiquement à l'unanimité par les étudiants de notre enquête.

L'autonomie des jeunes dans le choix de leurs intérêts, de leurs comportements, de leurs orientations n'est généralement pas vécue sur le mode de l'opposition. Les nouveaux modèles d'éducation et de relations parents-enfants orientés vers le développement personnel ont eu pour conséquences des formes de rupture de pratiques ou de traditions entre générations, sans que soit compromise la qualité du lien. Ces jeunes sont les rejetons de deux générations d'innovateurs en matière familiale et filiale et leurs aînés qui ont bousculé leurs propres parents acceptent d'être secoués à leur tour dans leurs certitudes. Dans la mesure où ils sont massivement porteurs de nouvelles valeurs, concernant par exemple l'écologie et l'égalité des sexualités, les jeunes, au sein de leurs foyers, les imposent à des parents qui se sentent coupables d'avoir trop peu prêté attention à ces questions. Et leurs positions sont parfois sans concession. Toutefois l'imposition des nouvelles valeurs des jeunes a tendance parfois à se produire dans la violence, dans une sorte de *backlash* soixante-huitard. Alors qu'il était « interdit d'interdire », il semble maintenant qu'il soit « interdit d'autoriser ». Par exemple, alors que les promesses de la GPA et de la PMA leur semblent absolument justifiées par le désir d'enfant à tout prix, ils et elles accusent le parent ou grand-parent qui n'est pas d'accord avec leur position d'être liberticide et homophobe. Si pour conserver la paix dans les foyers, au cours des repas familiaux, dans les années 1960, on évitait de parler politique, aujourd'hui il vaut mieux éviter les sujets de société qui fâchent. Dans un article intitulé « L'humour au second degré fait-il encore rire ? », Jean-Michel Normand[27] rapporte aussi des cas de tensions quand, en famille, on regarde un sketch de Pierre Desproges qui fait rire les parents alors que leurs filles ne voient en l'humoriste qu'un « horrible macho ». Certains en concluent qu'on peut attribuer la disparition du « second degré » au manque de culture.

Ces ruptures font partie des processus de changement social. Chaque nouvelle génération remet en jeu l'héritage des précédentes par son « regard neuf » porteur de changement potentiel. Ainsi qu'il va être observé, étant donné que la génération des vingtenaires révolutionne le monde du travail, des relations sociales, des pratiques culturelles et sociales, des relations amoureuses, etc., il ne peut y avoir de continuité dans ces domaines. Avec la mondialisation, le réchauffement climatique, le « monde d'avant » la pandémie de Covid-19 était très instable. Il tangue encore davantage dans le « monde d'après », comme une guerre d'une nouvelle forme, dont on ne sait quelles en seront les conséquences à tous les niveaux. Comme l'écrit le spécialiste des sciences de l'éducation Philippe Meirieu, « il ne peut y avoir de transmissions individuelles ou groupales en dehors d'un monde commun stable[28] ».

Dans cet ordre d'idées, la philosophe Hannah Arendt développe l'allégorie de la table « qui relie et sépare en même temps ». Si la table disparaissait par un tour de magie, « les personnes assises les unes en face des autres ne seraient plus reliées par quoi que ce soit de tangible[29] », écrit-elle. Reprenons cette métaphore : il est clair que la jeunesse d'aujourd'hui ne veut plus s'y asseoir. Non contente de faire « table rase » du passé, elle va se trouver contrainte de chercher son fondement en elle-même.

CHAPITRE QUATRE

Une génération horizontale

Tous ceux qui ont plus de 50 ans partagent ce sentiment profond qu'une coupure culturelle s'est instaurée avec des jeunes qui parlent très vite, dans une langue qui leur est propre, et qu'il faut parfois traduire. D'ailleurs ces jeunes ne parlent plus, ils envoient des textos s'ils ne répondent pas à coups d'émojis. Ils ont depuis longtemps abandonné aux plus âgés Facebook, qui exige du texte. Ils sont « accros » aux séries. Contrairement aux années 1980 où c'était en famille que l'on regardait les épisodes de *Dallas*, *Dynasty* ou *Friends*, les séries sont visionnées individuellement sur les smartphones et font ensuite l'objet de discussions passionnées entre eux, excluant de ce fait les générations d'au-dessus qui ne les ont pas vues. Sans même parler de la télévision qui est hors de leur champ cognitif, plus rien ne rassemble à la maison les membres de la famille avec la multiplication de sites aux offres alléchantes qui permettent à chacun de s'isoler devant son film, sa série, son match. Là où, il y a trente ans, l'écran rassemblait, les écrans maintenant séparent. Le chaudron de la culture familiale est en panne, le numérique isole les générations, s'il rassemble une tranche d'âge.

Certes la génération des parents de nos jeunes née vers 1970 est la première à avoir développé, avec les Game Boy et autres consoles de jeux vidéo, une culture des écrans, au-delà de la télévision qui était encore un lieu de rassemblement intergénérationnel. Mais ce n'étaient que les balbutiements d'une culture numérique qui s'est emparée de toute la société, y compris des jeunes enfants, et qui complique les modes et les modèles d'éducation et d'apprentissage de nos jeunes. Si leurs parents ont été les premiers à faire vivre la démocratie familiale, à mettre en œuvre un pacte familial fait de négociations, d'autonomie, mais aussi de repères, la digitalisation remet aujourd'hui ces règles en question et fragilise la cohésion familiale. Selon Hannah Arendt, la question essentielle de l'éducation est de permettre aux nouvelles générations d'innover à l'intérieur d'un monde ancien. Mais nous sommes ici au-delà de l'innovation, il s'agit d'une vraie rupture face à laquelle parents et éducateurs rencontrent les mêmes difficultés, alors qu'ils ont en partage la responsabilité de conduire le développement de l'enfant et d'assurer ainsi la continuité du monde.

Enfances numériques

Évidemment, les parents de jeunes enfants, qui ont eux-mêmes dix ans de plus que nos vingtenaires, utilisent aussi les écrans. Mais ceux qui ont 20 ans aujourd'hui incarnent une « nouvelle génération biberonnée au numérique ». Tandis que plus de la moitié des parents se disent « accros » à leur smartphone, 90 % des parents d'enfants de moins de 8 ans laissent des traces de leurs enfants sur Internet, 80 % envoient des photos par messagerie instantanée[1]. Dès *in utero*, les enfants ont déjà une « empreinte » numérique lorsque les futurs parents postent le cliché de l'échographie. Le pédopsychiatre Serge Tisseron, spécialiste des rapports entre nouvelles technologies et enfance, rappelle aussi qu'il ne faut pas utiliser de téléphone mobile à côté d'un bébé pour lui conserver toute notre attention. Combien de mères ou de nounous promènent dans leur poussette des enfants tout en bavardant sur leur téléphone ?

Pour leur part, 72 % des jeunes enfants préfèrent les écrans aux jeux traditionnels ; près de 90 % des enfants de moins de 8 ans sont régulièrement exposés aux écrans, la familiarisation s'établissant dès l'âge de 6-7 ans, alors que dès 3 ans, la majorité des enfants utilisent un écran interactif, tablette classique ou pour enfants, ou smartphone.

Lorsque l'enfant grandit, la plupart des parents s'efforcent de mettre en place des règles concernant leur usage des écrans. Encore faut-il qu'ils donnent eux-mêmes l'exemple : or ce sont seulement 40 % des parents qui évitent de rester scotchés à leur smartphone. Les manières de table digitales sont à l'ordre du jour : pas de smartphone pendant les repas, mais combien sont cachés sur les genoux ? Suivant les recommandations dont ils sont abreuvés par la presse spécialisée qui a remplacé le *pater familias* en matière d'édiction de normes, les parents tentent de poser des règles de durée pour limiter l'usage des écrans, surveiller les activités en ligne, souvent avec beaucoup de difficultés qui se répercutent sur la question de l'éducation tant familiale que scolaire.

C'est dans ce contexte numérique qui s'impose à elle que la famille socialise ses enfants. Premier creuset des apprentissages moteurs, langagiers, corporels, qui ne sont pas seulement des techniques du corps, elle détient l'apprentissage d'un *hexis* corporel, d'une façon d'être physiquement au monde, elle est le lieu d'acquisition des manières de l'homme social, dans les rapports verbaux avec les autres, les manières de table, etc. Rappelons la néoténie du nouveau-né, le seul dans l'espèce vivante à ne disposer d'aucune autonomie à la naissance, et qui mourrait s'il n'était entouré de soins matériels et affectifs pendant de longs mois. Au cours de ces premières années, la famille exerce donc un rôle *princeps* dans les apprentissages de l'enfant et ce qu'elle transmet contribue déjà à configurer sa place dans le monde social. En témoignent déjà, dès l'âge de 3 ans, les différences dans les acquisitions langagières ou motrices dont les effets sociaux peuvent être déterminants pour toute une vie. Mais très vite, souvent à l'étonnement des grands-parents, ces petits sont traités comme des individus capables de raisonnement. Dès leur plus jeune âge, on leur demande leur avis, s'ils veulent bien manger des sushis, quitter le tas de sable et rentrer à la maison. Le parent formule sa demande en la terminant par un « d'accord ? » interrogatif. Dès un très jeune âge, désormais, tout semble affaire de négociation et non plus d'imposition. La question de l'autorité se trouve redéfinie, tant pour les parents que pour les éducateurs et les enseignants.

Dans une tribune du *Monde*, le philosophe de l'éducation Eirik Prairat[2] a analysé les facteurs qui contribuent au changement des relations entre adultes (enseignants et parents) tant dans la famille que dans l'école : avec le recul de l'autoritarisme, l'autorité du père comme du maître se voit contestée (rappelons l'épisode qui a défrayé la chronique en 2019 d'un élève allant jusqu'à braquer un pistolet sur la tempe d'un professeur). L'avancée des valeurs démocratiques d'égalité au sein de la famille comme de l'école engendre, dit ce philosophe, « un affaiblissement des relations d'autorité car historiquement ces relations d'autorité se sont toujours adossées à des rapports d'altérité (adulte-enfant, maître-élève). Tension donc entre un rapport éducateur-éduqué traditionnellement pensé sur un mode fortement hiérarchisé et le mouvement d'émancipation critique de la modernité, qui ne cesse de faire l'éloge de l'égalité ». La crise de l'autorité, ce n'est pas celle du pouvoir ou de la domination, mais celle de l'autorité morale, de la légitimité du passé, de la tradition, de l'apport des générations précédentes. Comme l'écrit la philosophe Myriam Revault d'Allonnes, « l'autorité n'appelle pas l'obéissance, mais la reconnaissance[3] ». Or les savoirs, les connaissances d'autrefois, sont devenus obsolètes.

Être parent, être éducateur est aujourd'hui beaucoup plus complexe qu'il y a cinquante ans, voire trente parce que nos enfants sont de nouveaux enfants et que la rupture dans les mécanismes de transmission de la société a brouillé les repères éducatifs. Conjointement à la famille et à l'école, constatons l'arrivée dans le champ des socialisations et apprentissages et, de plus en plus tôt, du groupe des pairs, qui, s'il a toujours existé, est aujourd'hui largement dominant. Les petits ordinateurs portables de nos enfants et surtout de nos petits-enfants, nous, les générations d'au-dessus, nous coupent d'eux car la culture médiatique qu'ils consomment quotidiennement fonctionne sur les valeurs de l'indépendance et de l'individualisme parfois opposées aux valeurs familiales et scolaires des « générations d'avant ». Énumérons les valeurs Internet : promotion de la réussite spectaculaire sans efforts, promotion de l'exposition de l'intimité, satisfaction immédiate, consommation de la mode, dictature du paraître, médiatisation et banalisation des comportements aberrants, pervers et criminels, fonctionnement dans l'instantané. Des sites comme Instagram, Snapchat, WhatsApp encouragent l'autonomie, l'individualisme, le narcissisme du selfie.

Voici ces nouveaux enfants tels qu'ils ont été décrits par le philosophe Michel Serres[4] : « Ils habitent donc le virtuel. Les sciences cognitives montrent que l'usage de la toile, lecture ou écriture au pouce des messages, consultation de Wikipédia ou de Facebook, n'excitent pas les mêmes neurones ni les mêmes zones corticales que l'usage du livre, de l'ardoise ou du cahier. Ils peuvent manipuler plusieurs informations à la fois. Ils ne connaissent ni n'intègrent ni ne synthétisent comme leurs ascendants. Il ou elle écrit autrement. Pour l'observer, avec admiration, envoyer, plus rapidement que je ne saurai jamais le faire de mes doigts gourds, envoyer, dis-je, des SMS avec les deux pouces, je les ai baptisés, avec la plus grande tendresse que puisse exprimer un grand-père, Petite Poucette et Petit Poucet. »

On estime aujourd'hui que 3,2 millions d'adolescents de 12 ans et plus sont en France équipés d'un smartphone, outil qui renforce leur indépendance, mais font d'eux un marché convoité. Par exemple, des néobanques exclusivement numériques visent la clientèle des adolescents. S'il s'agit surtout de familiariser les enfants de 12 ans avec l'usage d'une carte bancaire, ce qu'ils apprennent très rapidement ; à partir de 16 ans, leur nouvelle indépendance leur permet, dit la publicité de ces néobanques, d'apprendre à gérer un budget[5].

Le groupe des pairs

Formatées par les médias et la publicité, les nouvelles générations sont emportées par la vague de « présentisme ». Le passé ne leur parle plus, ou mal, et l'avenir est flou. Eirik Prairat, déjà cité, remarque que « ce sacre du présent fragilise l'autorité des éducateurs et des maîtres. La question de l'autorité n'est pas une question d'ordre, mais de temporalité. L'érosion de l'autorité apparaît comme l'envers d'une autre difficulté, la difficulté à transmettre ». Marie-Claude Blais, une philosophe, remarque : « Si nous avons tant de mal à accepter ce fait [que l'autorité est une nécessité institutionnelle], c'est parce que l'autorité est associée aux modèles de l'absolutisme, de la tradition et de la religion qui s'imposaient comme une transcendance par rapport aux individus. On a le sentiment que, dans une société égalitaire et démocratique, il ne devrait plus y avoir d'autorité[6]. » L'autorité hiérarchique du père, du maître, du plus vieux s'efface dans la société du *like* dont le nombre assure votre réputation auprès de vos pairs. Cette réputation peut être la conséquence non intentionnelle de l'évaluation du *post* ou bien le résultat d'une action stratégique du « producteur d'informations pour susciter des gestes d'approbation[7] ». Dès lors la figure de l'énonciateur prend une place centrale, en raison de « l'importance décisive du signalement de sa personnalité » : « La personnalité numérique des individus, cette manière de maquiller leur identité réelle sans jamais faire écart avec elle, est au cœur des nouvelles techniques de mise en scène de soi qui assurent le succès et la réputation sur les réseaux sociaux […]. Le modèle d'acteur que promeut aujourd'hui l'Internet des réseaux sociaux est un énonciateur qui est à la fois le personnage et le récitant de sa propre vie[8]. » Le smartphone permet la mise en relation constante avec les pairs, le partage d'une intimité et d'une complicité. Il est essentiel pour un jeune d'être reconnu par les membres de son réseau, c'est-à-dire de la même génération et souvent aussi du même sexe. Le jeune est jugé à son nombre d'amis ou de *followers* sur la Toile. Les pairs représentent une culture identitaire toujours plus prégnante. Les réseaux sociaux imposent souvent d'ailleurs des modèles qui deviennent des exigences, voire des obligations contraignantes, plus contraignantes même que celles des parents dont l'éducation devenue souple laisse une plus grande autonomie.

Cette communauté de pairs à travers les réseaux sociaux expose l'adolescent à une forme inédite de vie publique, avec ses risques, en particulier celui du harcèlement médiatique, dont l'actualité a montré à quel point il peut être cruel et dangereux. Des jeunes, victimes d'un acharnement de leurs pairs à travers les réseaux sociaux, se sont suicidés. Hannah Arendt rappelle que « l'enfant a besoin d'être tout particulièrement protégé et soigné pour éviter que le monde puisse le détruire [...]. Ces quatre murs à l'abri desquels se déroule la vie de famille constituent un rempart contre le monde et en particulier contre l'aspect public du monde[9] ». La critique que fait cette grande philosophe d'une certaine conception de l'éducation visant à instaurer un monde propre aux enfants et à considérer l'enfant comme un petit adulte est particulièrement pertinente à l'ère numérique que nous vivons : « Plus la société moderne supprime la différence entre ce qui est privé et ce qui est public, entre ce qui ne peut s'épanouir qu'à l'ombre et ce qui demande à être montré à tous dans la pleine lumière du monde public, autrement dit, plus la société intercale entre le public et le privé une sphère sociale où le privé est rendu public et *vice versa*, plus elle rend les choses difficiles à ses enfants qui par nature ont besoin d'un abri sûr pour grandir sans être dérangés[10]. »

Face au poids de l'énonciateur, des *trendsetters*, des influenceurs et autres blogueurs suivis par tant de *followers*, quel est le poids des parents, le poids du maître ? Déjà en 2008, Bernard Stiegler[11], philosophe spécialiste du numérique, s'interrogeait sur le rôle de la société de consommation dans laquelle baignent les enfants. Le marketing, expliquait-il, puise dans les technologies de l'information et de la communication de très puissants poisons, dans la mesure où celles-ci se révèlent fortement « psychotropes », s'inscrivant mieux que d'autres dans le flux même des consciences ; il vise à fabriquer les consommateurs d'un nouveau mode de vie construit par les médias ; celui-ci se heurte à la famille et l'institution scolaire, qui essaie de faire front. L'école de Jules Ferry qui était fondée sur le livre et l'écriture entre en conflit direct avec les techniques modernes : « Le bac sera peut-être le dernier moment de l'existence où l'on se sert d'un stylo. » Lire un livre et regarder un écran sont deux démarches fondamentalement différentes. On choisit de lire, l'écran est imposé ; lire est actif, regarder, passif. Pour résumer, on peut observer une prégnance de la communication sur celle de l'enseignement, de la transmission.

Le fossé générationnel numérique

Les jeunes d'aujourd'hui ont leur culture, leurs codes de références et leurs modèles d'identification spécifiques. Et plus l'influence de cette culture grandit, plus l'influence familiale diminue. Le téléphone portable est interdit dans les collèges, interdit pendant les repas de famille – une des coauteures accueille ses petits-enfants avec une corbeille en leur demandant d'y déposer leur téléphone, sans toujours beaucoup de succès. Mais il y a toujours une réponse ultra-urgente à donner à une question non moins urgente comme répondre d'un « cool » à l'envoi d'un selfie. Les pratiques numériques ont envahi leur univers : pour l'accès à l'information, la vie relationnelle, les échanges *via* les réseaux sociaux, les pratiques d'achats, etc. La culture digitale a remplacé l'écriture ; si l'agilité des doigts stupéfie les personnes âgées qui pianotent sur leur smartphone péniblement avec leur seul index, l'écriture manuscrite décline chez les jeunes dès la sortie du lycée. La nouvelle génération perd l'usage du stylo et du papier aussi. Là où autrefois on griffonnait la liste des courses à faire, les jeunes vont les consigner dans les « notes » du smartphone, où ils trouveront aussi le billet d'un spectacle, la preuve d'un achat, la réservation d'un billet de train. Désormais l'écriture dactylographique est plus répandue que l'écriture manuscrite. Selon Jean-Luc Velay, chercheur en neurosciences cognitives[12], « le papier et le stylo semblent incompatibles avec les nouvelles dimensions spatiale et temporelle de la communication écrite […]. Dans les chambres d'enfants, on ne piétine plus ni crayons, ni feutres, ni pastels. Dans les familles des milieux populaires, les coloriages, dessins, découpages et autres pâtes à modeler ont été remplacés par des jeux à pixels ». Si l'école entretient jusqu'au bac la calligraphie, dès l'université, les professeurs n'entendent plus que le cliquetis des claviers d'ordinateurs qui prennent en note le cours (ou s'en évadent pour écrire des mails, consulter des sites, etc.). Or « en traçant la lettre se crée une mémoire motrice dont on se sert ensuite pour identifier visuellement la lettre ». Il existe ainsi une interaction très forte entre écriture et lecture. L'écriture manuscrite serait un des problèmes scolaires majeurs, les enfants n'étant plus assez habitués à calligraphier proprement depuis les petites classes. Selon certains, il y aurait un risque que « l'écriture manuscrite, cet acquis de l'espèce humaine, disparaisse en deux générations. Puis peut-être l'écriture tout court avec la reconnaissance automatique de la parole, ce qui entraînerait une grave perte cognitive ». Les jeunes ne rédigent même plus et dictent leurs SMS.

Cette analyse pessimiste est confortée par la lecture des réponses manuscrites au questionnaire que nous avons analysées au chapitre premier. Sans parler syntaxe ou grammaire, mais simplement de graphie, il est clair que la plupart de nos enquêtés ne savent plus ni former les lettres ni les aligner. À lire certains retours de questionnaire, on est saisi par le sentiment que l'étudiant avait une forte répugnance à répondre par écrit.

Un monde de séries destiné aux jeunes

Entre 1978 et 1991, la série télévisée *Dallas* diffusait un *soap opera* mettant en scène une riche famille du Texas, aux ramifications parentales complexes, aux prises avec des problèmes de sexe, d'alcool, de richesse qui engendraient de multiples conflits familiaux ; si les générations s'y affrontaient et les familles se faisaient la guerre, il faut noter que les enfants en étaient totalement absents. Dans les années 1990, la série *Friends* connut un immense succès tout au long de ses dix saisons : six compères, entre l'âge de 20 et 30 ans, à un moment des choix de la vie, vivaient des histoires d'amitié, de sexe, rencontraient des problèmes de carrière – elle est d'ailleurs à la mode parmi nos vingtenaires, qui se plaisent à se plonger dans une sorte de nostalgie.

Dès cette époque, toutefois, certaines séries ne visent plus une audience familiale, mais sont spécifiquement destinées à un public de jeunes qui y sont mis en scène. La place que prend l'adolescent dans la société n'échappe pas aux médias, et des séries télévisées s'adressent directement à ce public : les *teen shows*[13]. Diffusé en France entre 1992 et 1994, la sitcom (version anglo-saxonne du feuilleton) *Hélène et les Garçons* met ainsi en scène un groupe d'étudiants dont, au fil des épisodes, on suit les péripéties sentimentales, au gré des couples qui se font et se défont. En dépit des critiques qui l'accablèrent, le succès considérable de ce programme de télévision conduira une sociologue à en rechercher les raisons[14]. Une décennie plus tard, *High School Musical* connut également un grand succès entre 2005 et 2009 et a pu intéresser nos vingtenaires alors encore dans leur enfance.

Ces séries jalonnent l'histoire de la construction d'une culture jeune spécifique. Rendez-vous immanquables à une époque où la télévision en linéaire rythmait les fins d'après-midi des lycéens, elles ont la particularité d'accompagner les acteurs et les téléspectateurs sur plusieurs années. Rapidement, la sexualité des adolescents devient le moteur narratif de ces *teen shows*[15] et les médias ont alors un rôle majeur, notamment pour les filles, dans l'apprentissage des normes sexuelles en vigueur. C'est à partir des années 2000 que les séries vont « dynamiter les codes en vigueur et reléguer la mièvrerie au placard ». Il est, en effet, reproché à *Hélène et les Garçons* de mettre en scène un univers irréaliste, une image ne répondant ni aux conditions de la vie étudiante ni aux nouveaux rapports amoureux.

Aujourd'hui, les séries traitent directement des comportements sexuels, déviants ou non, en écho aux transformations de la société. Les séries comme *Gossip Girl* (2007-2012), qui suit la jeunesse dorée de Manhattan, et, plus récemment, *Sex Education* (2019) discutent ouvertement de tous les aspects de la sexualité. Quant aux personnages transgenres ou LGBTQ+, ils ont fait leur apparition tardivement sur les grands ou les petits écrans français. Le feuilleton quotidien n'introduit les premiers adolescents de cette catégorie qu'en 2018. La série *Skam France*, « honte » en norvégien, pays qui a produit la série et dont s'inspire la version franco-belge, met en scène saison après saison des adolescents face à des questions relatives à l'homosexualité, au harcèlement, aux dilemmes de leur « coming out » ou à la santé comme la contraception, la dépression, etc. Les mêmes sujets sont traités dans *Les Grands*, une série française créée en 2016, qui met en scène des jeunes gens entrant en troisième et qui aborde les questions de drogue, de découverte de l'identité sexuée, du harcèlement, etc.

Désormais, ces séries ont colonisé les plates-formes de vidéos à la demande sur abonnement, nées dans les années 2000-2010 (Hulu, Netflix, Amazon Prime), et sont très prisées des jeunes, encore élèves en classes terminales, qui en consomment beaucoup sur smartphone. Ainsi, *Skam France* est diffusée sur Internet et les réseaux sociaux, tout au long de la semaine ; les jeunes abonnés peuvent recevoir quotidiennement des séquences de 8 à 10 minutes qui annoncent l'épisode complet de 20 minutes, mis en ligne le samedi. Vincent Julé, journaliste animateur d'une conférence sur les séries pour adolescents, note ainsi[16] : « En vingt ans, la fiction a en fait largement dépassé la réalité, comme si la transgression s'était déplacée de la vie réelle à l'écran. De programme éducatif, la série pour ados est devenue un objet de projection fantasmatique. » Frédéric Lavigne, directeur artistique du festival Series Mania, ajoute : « Les séries pour ados traitent beaucoup de la peur du lendemain, or aujourd'hui tout le monde a peur du lendemain. » Certes, ces séries ne sont plus suivies par nos vingtenaires, mais elles ont contribué à former leur goût pour les nouvelles, qu'ils continuent de visionner assidûment.

Un nouveau rapport à la question du genre

« Davantage que leurs aînés qui ont grandi dans une société où l'homosexualité était pénalement répréhensible (jusqu'en 1982), les jeunes générations revendiquent aujourd'hui une identité qui prend des formes multiples même si cela ne va pas toujours sans douleur », écrit la journaliste Solène Cordier[17]. L'homosexualité fait partie de leur quotidien et n'est plus un sujet. Les tabous qui ont régné au cours des générations précédentes semblent bien avoir cédé. L'augmentation des actes d'homophobie est le signe de cette visibilité.

C'est au cours de l'enfance des vingtenaires qu'ont eu lieu les débats autour du mariage pour tous, voté en 2013, mais aujourd'hui, cette loi est désormais acceptée. En ce qui concerne les nouvelles techniques reproductives, notamment l'accès de tous, quel que soit le sexe, à la grossesse pour autrui, interdite en France, les jeunes sont aux côtés des demandeurs. Au nom de l'égalité brandie comme un drapeau, ils considèrent que le désir des homosexuels d'être parents est normal, ou plutôt relève de la norme. Ils soutiennent aussi la demande des femmes lesbiennes, seules ou en couple, d'accéder à la procréation médicalement assistée, c'est-à-dire de bénéficier, aux frais de l'État, d'une insémination artificielle. Les arguments que l'on peut présenter contre l'adoption de cette pratique – faire advenir des enfants sans père, ou encore inventer une famille de deux mères ou deux pères – sont balayés par ceux qui sont les enfants ou les petits-enfants de couples séparés, divorcés, recomposés, dont un parent a pu changer d'orientation sexuelle au cours de sa vie, voire de genre, etc.

C'est justement dans le champ du genre que cette diversité, cette tolérance, cet individualisme trouvent un nouveau champ de développement. Les jeunes générations jouent davantage des identités de genre, refusant de se faire assigner à un seul sexe[18]. Le mouvement « Trans » « Bi » est passé par là. Le A-genre ou *genderfluid* est très minoritaire, mais bénéficie d'un fort engouement sur les réseaux sociaux et d'une importante présence dans les médias et les séries très regardées par la jeunesse. Ce personnage à l'identité et la sexualité hybrides s'est incarné un temps dans le candidat malheureux de la France au concours de l'Eurovision 2019 à Tel Aviv : Bilal Hasani s'est présenté portant une longue perruque blonde ; son apparence fait écho à celle de Conchita Wurst, jeune chanteur *drag-queen* qui, au même concours en 2014 et portant les couleurs de l'Autriche, remporta le titre vêtu d'une longue robe, tout en arborant perruque et barbe. Depuis 2018, la chanteuse du groupe Chris and the Queens a adopté un look androgyne, s'identifiant comme pansexuelle. Le succès de ces dépassements des frontières sexuelles marque la remise en cause de l'assignation à un sexe qui se heurte souvent de plein fouet à l'hostilité des parents, dans le cas d'adolescents. Il existe d'ailleurs un Observatoire des transidentités, d'information et d'analyse sur les questions trans, inter et les questions de genre qui cherche à établir un état des lieux de ces questions[19]. Les réponses à notre propre enquête montrent tout l'intérêt que portent les jeunes à ces questions de genre et leur ouverture face à ces nouvelles identités. De près ou de loin, ils sont sensibles aux porteurs des théories du genre. Or, bien que minoritaires, ces groupes ont aujourd'hui tendance à tourner au dogmatisme, voire à la violence.

En écho aux théories du genre, la jeunesse s'investit aussi contre les violences faites aux femmes. Depuis le mouvement #MeToo, une vague de féminisme balaie toute contestation sur son passage. La dénonciation de cas de viol se multiplie sur les réseaux sociaux et au sein même des universités. Ainsi, Sciences Po a demandé à ses étudiantes de décrire les situations qui les ont exposées à des viols ; le vénérable institut a d'ailleurs diffusé une politique de mise en garde concernant l'épineuse question du consentement. La remise d'un prix au réalisateur Roman Polanski pour son magnifique film *J'accuse* en est un exemple marquant de l'année 2020. Le tribunal public ne donne aucune chance aux arguments des avocats qui tentent de dénoncer de fausses accusations. Le réalisateur est agressé verbalement et obligé de se cacher. Les débats autour de cette affaire révèlent bien la fracture des générations : les plus âgés séparent l'œuvre de l'homme, ce à quoi se refusent radicalement les plus jeunes, qui ne voient en lui qu'un violeur. La confiscation de la parole, sous menace de violences, de ceux et celles qui sont porteurs d'autres visions des relations entre les sexes est désormais chose relativement courante dans les universités.

Ces nouvelles facilités d'exposition de soi peuvent cependant avoir de très sévères conséquences. La nouvelle génération doit aussi faire face au cyberharcèlement, souvent d'une violence extrême, dont deux affaires nous donnent un triste exemple. Le premier concerne une jeune youtubeuse, influenceuse de 22 ans, L. M., qui reçoit des tombereaux d'insultes alors qu'elle « poste » une photo d'elle-même qui montre que ses seins sont petits. Les canons de la beauté jeune vont vers les fortes poitrines, et sur ses comptes Instagram ou Twitter, c'est une déferlante de moqueries et insultes. Son intelligence lui permet heureusement de résister, d'autant plus que d'autres jeunes femmes créent le hashtag #L.Challenge pour la soutenir, mais des filles plus fragiles psychologiquement pourraient ne pas s'en remettre. Plus grave encore est l'« affaire Mila ». Le 20 janvier 2020, Mila, une jeune homosexuelle, assume son orientation sexuelle sur Instagram. Elle reçoit des avances sexuelles insistantes de la part d'un jeune musulman ; elle le repousse ; il insiste et l'insulte – « sale Française », « sale Blanche », « sale gouine ». Elle riposte, il persiste, critique sa conduite en invoquant l'islam, ce à quoi elle réplique en termes très grossiers : « Votre religion, c'est de la merde, le Coran, il n'y a que de la haine là-dedans, votre Dieu, je lui mets le doigt dans le trou du cul. » Elle reçoit alors un torrent d'injures, des menaces de viol et de mort par centaines dont certaines émanent de garçons qui fréquentent son école. Des informations précises sur sa vie privée et ses habitudes sont divulguées sur Internet. Sa sécurité se trouvant en péril, elle ne peut plus se rendre à son lycée et c'est au plus haut niveau que le ministère doit se charger de trouver un autre établissement afin qu'elle puisse continuer sa scolarité. La question du blasphème à l'égard de la religion ressort avec la même violence que lors de l'attentat de *Charlie Hebdo*. Se sentant particulièrement concerné par l'affaire Mila, le journal a commandé un sondage sur le soutien de la population à Mila : une proportion plus importante de #JeSuisMila (défenseurs de Mila) s'observe chez les hommes (59 %) que chez les femmes (48 %), chez les catholiques pratiquants (44 %) que chez les musulmans (18 %), chez les électeurs de Marine Le Pen (65 %) et ceux de François Fillon (58 %) que chez les électeurs de Macron (49 %) et de Mélenchon (50 %). À l'inverse, parmi les 18-25 ans, 59 % soutiennent les harceleurs et se prononcent pour l'interdiction du blasphème. Est-ce le signe du déclin des valeurs de tolérance et de laïcité parmi ces jeunes ? Prise dans un tourbillon médiatique, l'histoire de Mila, initialement une dispute entre collégiens, devient une affaire d'État.

Dans le mouvement continuel de renouvellement des générations, la référence à la génération précédente, celle des parents, avait toujours été la référence première, que ce soit pour s'y conformer ou s'y opposer. Aujourd'hui, cette référence perd de l'importance. Les figures d'identification se situent désormais au sein de sa propre génération. Il en résulte, comme on a pu l'observer dans le contexte de la migration, une tendance à une sorte de « désaffiliation culturelle » quand on rapporte l'individu à la famille, tandis que le rapport au monde social est marqué par le « désenchaînement des générations[20] ». L'identité de génération se fabrique par identification aux pairs, en conformité avec les normes établies au sein des groupes d'amis, souvent à travers les réseaux sociaux. Cette culture jeune n'est pas pensée contre la famille, mais plutôt hors d'elle. La grande nouveauté de la culture des vingtenaires, c'est cette dimension intragénérationnelle.

CHAPITRE CINQ

Une génération qui innove

Biberonnés par leurs parents au culte des objets matériels, les jeunes de 20 ans ont à faire face à un futur très incertain et anxiogène. Ils adoptent de nouveaux comportements, marqués par des discontinuités, qu'elles soient de l'ordre du privé ou du public. Recul de l'âge à la mise en couple et instabilité de l'emploi composent un environnement social qui fait de nos vingtenaires des jeunes extrêmement mobiles, au propre comme au figuré. Élevés encore dans le credo de la croissance, face aux défis qui les attendent, ils incarneront peut-être la première génération de la décroissance.

Comme souvent, les romanciers sont les meilleurs ethnographes de la société. Dans *Sérotonine,* le héros de l'ouvrage compare ses années de jeunesse à celles de sa compagne, plus jeune de dix années : « Indéniablement quelque chose avait changé, l'ambiance de cette génération n'était plus la même, je m'en rendais compte chez tous ses camarades, quelle que soit leur filière d'études : ils étaient sérieux, bosseurs, accordaient une grande importance à leur réussite scolaire, comme s'ils savaient déjà qu'à l'extérieur on ne leur ferait aucun cadeau, que le monde qui les attendait était inhospitalier et dur. Parfois, ils éprouvaient le besoin de décompresser, alors ils se saoulaient en groupe, mais leurs saouleries elles-mêmes étaient différentes de celles que j'avais connues : ils s'enivraient brutalement, ingurgitaient à toute vitesse des doses d'alcool énormes, comme pour atteindre l'abrutissement le plus vite possible, ils se saoulaient exactement comme les mineurs du temps de *Germinal* – la ressemblance était encore augmentée par le retour en force de l'absinthe, qui atteignait des titrages d'alcool ahurissants, et permettait en effet de se torcher en un temps minime[1]. » Tous unis dans la consommation, pas seulement d'alcool, mais de musique.

Écouter sa playlist

Aujourd'hui, dans le champ des pratiques culturelles, la musique passe avant le cinéma et c'est sur Internet que les jeunes découvrent la majorité des titres qu'ils écoutent. Selon une étude réalisée par l'institut Opinion Way en 2011, la musique est l'activité culturelle favorite des 15-24 ans : un quart des répondants n'hésite pas à parler de « passion » ; ils en écoutent, en moyenne, plus de deux heures chaque jour ; 76 % des 15-24 ans affirment utiliser le Web pour écouter de la musique et la partager, *via* des sites ou des mails. Les plates-formes de visionnage vidéo sont les premiers sites privilégiés pour écouter de la musique (90 %). Le streaming gratuit légal vient en seconde position, suivi par les radios en ligne. Lorsque, quittant l'adolescence, ils limitent le visionnage de séries sur leur smartphone, les jeunes vivent branchés sur la musique, leur musique, la playlist préenregistrée. Leur musique qui s'écoutait autrefois au sein de l'espace domestique et qui était partagée par toute la famille les accompagne dans tous les endroits publics, les transports. La playlist constituée des choix de chacun incarne bien l'individualisme contemporain.

Nos jeunes sont des individus casqués. À l'antique walkman, au « baladeur », ont succédé d'abord les écouteurs avec leur long fil qui disparaissent au fond des poches, puis les casques vissés sur les oreilles qui leur donnent l'apparence de pilotes et contribuent à les isoler de leur environnement immédiat. Ce casque achève l'uniforme vestimentaire des vingtenaires, mais aujourd'hui certains l'ont remplacé par de curieuses boucles d'oreilles qui ne s'accrochent pas sur les lobes, mais dans le conduit auditif directement.

Olivier Donnat[2] propose une approche générationnelle des pratiques culturelles afin de souligner la radicale modernité de celles qui retiennent ici notre attention. Si la génération née avant la Seconde Guerre mondiale n'a connu qu'à un âge avancé la télévision, les baby-boomers ont, eux, pleinement participé au développement des industries culturelles et notamment de celles liées à la musique, alors que la suprématie de l'imprimé reculait significativement. C'est au cours des années 1960 que s'est créée une culture jeune avec ses radios et ses musiques spécifiques. Ceux qui ont aujourd'hui entre 40 et 50 ans ont « bénéficié de l'amplification de ces mêmes phénomènes, [ayant] vécu enfant ou adolescent la profonde transformation du paysage audiovisuel au tournant des années 1980 : elle est la génération du second âge des médias, celui des radios et des télévisions privées, du multi-équipement et des programmes en continu, ce qui lui a permis de se saisir assez largement des potentialités offertes par la culture numérique. Enfin, celle des moins de 30 ans a grandi au milieu des téléviseurs, ordinateurs, consoles de jeux et autres écrans dans un contexte marqué par la dématérialisation des contenus et la généralisation de l'Internet à haut débit[3] ».

Si, dans les années 1980 et 1990, la culture de l'écran se limitait aux programmes télévisés, le développement numérique a complètement changé les pratiques culturelles musicales. Déjà il y a dix ans, on observait qu'« en devenant numérique, la musique a encore gagné en accessibilité : les nouvelles possibilités de stockage, d'échange ou de transfert d'un support à l'autre ainsi que la multiplication des supports d'écoute, du téléphone portable à l'ordinateur en passant par le lecteur MP3, ont favorisé une intégration toujours plus grande de la musique dans la vie quotidienne, au domicile mais aussi pendant les temps de transport ou de travail[4] ». Comme dans toute l'histoire de la musique, les transformations technologiques jouent un grand rôle ; le lecteur de MP3 encore cité il y a dix ans par Olivier Donnat a totalement disparu au profit des smartphones pour transporter des fichiers dématérialisés et constituer les playlists souvent générées par des algorithmes. Ainsi s'explique le développement sans précédent des pratiques d'écoute individuelle.

Si l'on suit le fil du temps, nos jeunes arrivant à l'université ou sur le marché du travail ont derrière eux un apprentissage de plusieurs années d'accès à la musique qui a commencé au collège, puis s'est conforté au lycée au sein d'un groupe de pairs adeptes de tel ou tel style musical, qui s'articule à un style vestimentaire. S'ils ont pu adopter la musique hip-hop et le style survêtement baggy – très large tee-shirt et casquette assortie – ou le rock et le style dit gothique, ces tendances à la création de soi, façon de s'affirmer dans l'adolescence, s'atténuent lorsque l'âge des choix sérieux en matière d'avenir professionnel se présente.

Quelles sont les musiques préférées des jeunes ? Un rapport comparant leurs goûts musicaux entre 2008 et 2014[5] montre que le rock des parents a été détrôné par le hip-hop, terme générique qui couvre de nombreux champs musicaux : pop, techno, RnB. Au fil du temps et des générations, les goûts musicaux semblent rapprocher les jeunes issus de diverses classes sociales. Si le rap vient en bonne position, ce genre musical est déjà une vieille connaissance née dans les banlieues au tournant des années 1980. Les années 1995-2000 sont celles de l'âge d'or du rap français, donc celles des parents de nos jeunes. Comme l'écrit Karim Hamou[6], « lorsque rap et hip-hop apparaissent en France au tournant des années 1980, nombreux sont ceux qui n'y voient qu'un phénomène éphémère. Trente ans plus tard, ce genre musical est non seulement bien vivant, mais il fait durablement partie des industries musicales, et la scène rap française est même l'une des plus visibles au niveau international ». Avec le temps, le rap s'est vu assigner une identité homogène et stéréotypée comme la musique du « jeune de banlieue » ; il s'est inscrit dans l'univers national de la musique avec ses cadences et ses textes, notamment grâce à la radio Skyrock qui constitue « la voix de référence de l'expression publique adolescente[7] » et les succès de groupes comme IAM ou Suprême NTM, dont les artistes ont désormais 50 ans passés. Aujourd'hui renouvelé, le rap, pratiqué par des artistes très divers, est devenu « une composante culturelle majeure de notre société[8] ». Si ce rap né dans les cités de France a rapidement conquis une audience internationale, au point de devenir le numéro deux mondial juste derrière son aîné américain, c'est qu'il a été servi non seulement par son excellence, mais aussi par des circonstances exceptionnelles. D'abord du fait que les cités qui l'ont vu naître étaient constamment sous le feu des médias, guettant les violences urbaines et avides de toute autre nouveauté pouvant faire la une : le rap a été remarqué et s'est trouvé mis en vedette. Ensuite, les radios privées lui ont ouvert une large audience, d'autant plus qu'elles étaient tenues de respecter le quota de 40 % de chansons françaises imposé par la loi Toubon de 1994 et dont la moitié au moins provenait de nouveaux talents ou de nouvelles productions. Déjà, de 1988 à 1989, l'émission dominicale Deenastyle sur Radio Nova était animée par le pionnier du rap français Lionel D. avec son complice Dee Nasty. Leurs deux heures d'antenne que tous les premiers fans de rap enregistraient sur cassette ont contribué à la diffusion de la culture hip-hop en français. Ainsi rapidement médiatisé, le rap français a pu conquérir un large public. Les raisons de ce succès planétaire tiennent à son expression, qui imbrique de manière indissociable le ludique et le politique, le festif et le revendicatif, et surtout à sa faculté de rendre les choses explicites pour toute une jeunesse saisie par la « fureur de dire[9] ».

Sous le terme générique RnB, rhythm and blues, s'abritent de nombreux genres musicaux. Le métissage des musiques écoutées par les jeunes est caractéristique de la situation contemporaine et développe leur cosmopolitisme par sa préférence nette pour la consommation de musiques étrangères (comme de séries étrangères). Le rap devient polymorphe, puise ses sonorités dans divers mondes musicaux ; il s'est émancipé de son aîné américain et intègre aussi bien des musiques venues d'Asie ou d'Afrique que du jazz ou des musiques électroniques.

Les jeunes continuent d'être attirés par ces musiques, car leurs textes font écho aux préoccupations de l'époque ; ainsi, dans deux genres différents, on peut citer le succès considérable du groupe de rap PNL (Peace and Love) qui parle du quotidien des quartiers dans lesquels ses membres ont été élevés, ou encore celui d'une jeune artiste belge, Angèle, qui chante « Balance ton quoi ? », chanson sortie en avril 2019, allusion directe au mouvement #MeToo, contre les violences sexuelles faites aux femmes et dont le clip a été visionné plusieurs millions de fois. Remarquable est la rapidité du succès, grâce aux réseaux sociaux. Là où, il y a quinze ans, un artiste mettait des années à se faire connaître, Angèle, par exemple, inconnue il y a trois ans, bénéficie aujourd'hui d'une exposition médiatique considérable.

Toute musique « jeune » ne plaît évidemment pas forcément à toute la « jeunesse » ; l'origine sociale conduit à un éclatement des préférences musicales dans lequel on repère l'influence de la culture familiale musicale et le rôle de l'origine ethnique de l'artiste. La boulimie musicale partagée par cette génération cache des inégalités sociales profondes, en ce qui concerne les autres consommations culturelles – lecture, cinéma, théâtre – et les autres genres musicaux. Afin d'y remédier, le gouvernement Macron a lancé le Pass Culture[10], qui prévoit un crédit de 500 euros pour chaque jeune de 18 ans ; on y accède *via* une application qui incite les jeunes à acheter de la musique, des livres, des jeux vidéo, aller au cinéma ou au théâtre, ou visiter une exposition. Construite sur le mode start-up afin d'encourager les professionnels à faire des propositions aux jeunes, l'application est encore en phase d'expérimentation.

La musique est donc une forte composante de la sociabilité des jeunes de cette génération. Après les concerts écoutés peut-être en compagnie de leurs parents lorsqu'ils étaient adolescents, ceux-ci s'autonomisent et fréquentent les cafés et les festivals qui correspondent à leur budget et à la dimension collective du partage. Selon l'enquête mentionnée ci-dessus[11], la fréquentation des Zénith et des grandes salles diminue avec l'âge au profit des festivals, des cafés-concerts et des salles spécialisées. Les jeunes étudiants qui se disent précarisés se plaignent spécifiquement du fait que leur budget ne leur permet pas d'assister à ces moments de communion qui sont une composante centrale de leur identité estudiantine, au même titre parfois que celle des études. À ces types de sorties sont associées aussi des conduites transgressives qui, si elles ne sont pas l'apanage exclusif des jeunes, sont particulièrement marquées dans leur groupe d'âge, au sortir de l'adolescence.

Conduites transgressives

Étudiant les conduites à risque qui sont propres aux adolescents et aux jeunes, le sociologue David Le Breton a bien montré[12] que le corps était le lieu d'expression de normes et de pratiques sociales. Certains ou certaines modèlent leur chair par des scarifications, des piercings, des tatouages, ou mettent leur vie en jeu. Comparant l'attitude des sportifs dits de l'extrême avec celles de la jeunesse, Le Breton souligne que contrairement aux premiers, les seconds mettent réellement leur vie en danger, comme l'a montré l'immolation par le feu d'un jeune étudiant lyonnais. Ce drame s'inscrit dans une tendance lourde : le nombre de suicides et tentatives de suicide a augmenté parmi les jeunes depuis la fin du XXe siècle, renversant une tendance qui semblait alors universelle, à savoir que le nombre de suicides s'accroissait avec l'âge. Alors qu'il était rare jusqu'à cette date, et touchait davantage les personnes plus âgées, le suicide est devenu aujourd'hui la deuxième cause de décès parmi les jeunes de 15-24 ans, après les accidents de circulation[13], et les tentatives sont toujours plus fréquentes chez les filles. Signe du malaise qui atteint sa jeunesse, la France présente un des taux les plus élevés d'Europe, derrière les pays de l'Est, la Finlande et la Belgique. La dépression est la variable la plus fortement associée, ainsi que le décrochage scolaire et universitaire et les consommations de substances psychoactives (alcool, tabac et drogues illicites).

Le tatouage comme les piercings sont aussi un moyen de faire parler son corps : dire adieu à son enfance, reprendre en main son identité et s'affirmer. Pour esthétiser son corps, lui demander de garder le souvenir d'un événement important, les tatouages sont plébiscités par la jeunesse ; conduite transgressive en ses débuts il y a quinze ans, c'est aujourd'hui une mode que les plus âgés se sont appropriée rapidement d'ailleurs. Conséquence d'un mal-être personnel ou collectif ou de la pression du groupe des pairs, d'autres pratiques transgressives singularisent nos vingtenaires. Le héros de Michel Houellebecq s'étonnait ainsi des nouvelles façons de boire des jeunes. Ce sont des habitudes ancrées dès la fin de l'adolescence – l'âge de 17 ans est retenu par le site Alcool Assistance[14] pour étudier les comportements d'alcoolisation qui sont en augmentation depuis le milieu de la décennie passée. Comme les autres Européens, et inspirés par le *binge drinking* des Anglais, les jeunes Français s'adonnent de façon régulière, entre amis ou lors de fêtes privées ou publiques (concerts, manifestations, etc.), à cet exercice de « biture express » : il s'agit d'un court épisode de forte consommation alcoolique afin de s'enivrer très rapidement. C'est une forme de rituel qui agrège les jeunes ensemble, ou un rite de passage à la virilité (mais les filles n'en sont pas absentes), cette consommation prenant place généralement les week-ends. L'entrée à l'université ou dans le monde du travail semble contribuer à mettre fin à cette pratique qui peut conduire pour certains et certaines à une vraie alcoolisation. Si l'excessive consommation d'alcool était un moyen de s'intégrer au groupe des pairs, sa diminution serait un pas vers l'accession à l'état d'adulte.

En revanche, la consommation de drogues ne semble pas diminuer ; les jeunes Français sont les premiers consommateurs d'Europe. Les jeunes, surtout les garçons, commencent dès l'âge de l'adolescence. Selon un site consacré à ce sujet[15], « 38 % des 15-16 ans scolarisés ont expérimenté au moins une fois le cannabis ; 22 % déclarent une consommation au cours du mois. Les étudiants sont des surconsommateurs de cannabis, comparés aux actifs du même âge. Parmi les 18-25 ans, 56 % d'hommes ont expérimenté le cannabis, contre 39 % de femmes ». D'autres drogues plus dures circulent lors de fêtes nommées *rave parties*, grands rassemblements organisés à l'occasion de festivals de musique dédiés à la musique techno, qui ont lieu au cours de plusieurs journées en pleine nature ou dans des espaces désaffectés.

Consommateurs réguliers ou épisodiques, la prise de drogue est un moyen de répondre aux inquiétudes qui assaillent les jeunes à un moment crucial de leur existence. Les étudiants qui ont répondu à notre questionnaire ne sont pour la plupart d'entre eux qu'au début de leurs études et s'inquiètent de savoir s'ils ont fait les bons choix et quels peuvent être les débouchés dans la filière dans laquelle ils se sont engagés, sciences humaines ou sociales. Les réponses à notre questionnaire ont souvent fait état de la drogue au titre des défis qui les attendent, sans que l'on puisse savoir s'ils parlent du problème en général ou d'eux-mêmes. Mais on peut se droguer autrement pour mettre à distance son anxiété. Ainsi, un étudiant exprime très clairement son repli sur lui-même : « Aujourd'hui on n'a aucune certitude pour l'avenir, il faut constamment se battre pour trouver sa place, rien n'est stable. La puissance de l'argent n'est que plus forte et les problèmes liés à notre gestion de l'environnement ne font qu'augmenter. Moi personnellement tout ça me rend très stressé et je me sens obligé de me plonger dans mes passions (jeux vidéo, foot, dessins, et la famille) pour fuir la réalité. »

Consommer la mode, consumer le monde

Si nos tout jeunes, les lycéens, se sont enthousiasmés pour la cause écologique et ont répondu au mouvement lancé par la jeune Greta Thunberg, ils ne sont pas à une contradiction près, en étant de grands amateurs de « fringues », catégorie dans laquelle il faut inclure les chaussures. Depuis plus de trente ans, la mode est devenue unisexe. Cette tendance s'affirme aujourd'hui avec la redéfinition de l'éventail des genres. Pour les jeunes femmes, sauf en plein été, jupes et robes sont bannies. Le port du jean est généralisé, qui se décline dans de multiples versions, du slim au « pat' d'eph' », du taille basse au taille haute, du jean entier ou jean troué aux genoux… Un tissu dont on sait pourtant que la confection est particulièrement polluante. C'est un uniforme qui s'accommode de tee-shirts, sweat-shirts et blousons, consommés en quantité. Les 20 ans et plus sont probablement moins attachés à la mode que les jeunes de 15 ans, âge où l'habit sert à se fabriquer une identité spécifique. Le temps du travail approfondi sur l'apparence de soi est passé. Les achats de marques, y compris de luxe, qui ont été signalés à propos de certains adolescents sont abandonnés, parce que la construction de l'identité n'y trouve plus son compte, et le budget estudiantin non plus. Mais il en reste quelque chose qui s'inscrit aujourd'hui dans le langage jeune avec l'expression « trop stylé ! » pour désigner une tenue qui mérite sans doute un selfie. Ainsi donc, si le style est un peu moins l'affaire de nos vingtenaires, ils et elles consomment beaucoup de ces vêtements bon marché, achetés d'un clic en ligne. Selon Juliette Garnier[16], les sites de vente en ligne d'habillement rencontrent un vif succès auprès des consommateurs âgés de moins de 35 ans. Ils captent près de 20 % de leur budget. Et, commente la journaliste, « n'en déplaise à ses détracteurs, la vente en ligne d'habillement fait un tabac. Et peu importe si l'achat de vêtement sur la Toile présente une empreinte carbone jugée élevée, les jeunes consommateurs, qu'on dit être plus sensibles aux questions environnementales, en raffolent ». De rares voix s'élèvent, comme cette étudiante en sociologie de Lyon-II contre « le paraître et la consommation », mais c'est une exception. Ces transactions s'accroissent rapidement, tant sur les sites qui vendent du neuf que des produits d'occasion.

Mobiles dans leurs façons de vivre, ces jeunes le sont aussi dans leurs habitudes d'achat. Ce sont des consommateurs versatiles qui achètent dans plusieurs enseignes, et souvent plus de produits soldés que leurs aînés. Symbole de ce mouvement, la chute en 2020 de la chaîne de magasins GAP. C'est autour des années 1990 que leurs jeans et autres sweat-shirts ont été plébiscités par la génération de leurs parents. GAP, « fossé » en français, signalerait justement l'écart entre les générations, les magasins important alors en Europe une mode américaine décontractée. Nos vingtenaires abandonnent aujourd'hui le style de leurs parents, préférant celui de leurs groupes musicaux de rap et de hip-hop, et surtout ce qui relève de l'engouement pour le sport, Nike ou Adidas, qu'il s'agisse de vêtements ou de chaussures. Dans une totale inversion des pratiques, cette mode jeune contamine à rebours les générations plus âgées. Au cours des années 1970, encore, les jeunes filles se vêtaient comme leurs mères ; aujourd'hui c'est l'inverse : la jeunesse est devenue le modèle à imiter à tout âge. La mode du jeunisme traverse toute l'existence jusqu'aux confins de la vieillesse, comme en témoigne l'oxymore « vieillir jeune », adopté comme slogan dans des programmes consacrés à la vieillesse par des organisations nationales ou internationales. Rappelons que le terme « jeunisme » fait écho à « âgisme[17] », construit sur le modèle de « racisme », pour désigner le racisme antivieux ; jeunisme, au sens initial de discriminations à l'encontre des jeunes, a évolué pour signifier la valorisation de la jeunesse pour elle-même, une célébration du nouveau, du changement continuel.

Archétype de la consommation jeune, la mode de ce qu'on appelle en français des baskets, ou *sneakers*, se répand, et les marques les plus en vue sont plébiscitées. L'invention de la chaussure à semelle de caoutchouc a révolutionné le monde du sport, qu'il s'agisse de la course à pied, du tennis ou du basket-ball. Et, du monde du sport, elle est passée dans le monde du quotidien, en même temps que s'effaçait lentement, puis rapidement à partir des années 1990, le conformisme du vêtement. Les anciens étudiants devenus les milliardaires de la Californie ont conservé leurs habitudes vestimentaires : c'est en jean et tee-shirt que se montrent les fondateurs d'Amazon, Google ou Twitter. Les jeunes leur ont emboîté le pas si l'on peut dire, aujourd'hui suivis par des classes d'âge plus âgées. Ce sont toutefois les 15-24 ans, filles comme garçons, qui en sont les plus gros consommateurs. Les jeunes s'arrachent les nouveaux modèles, et n'hésitent pas à faire la queue à la porte des magasins qui sortent des nouveautés pour ensuite les revendre beaucoup plus cher. Ils font des repérages sur des sites spécialisés, *via* des blogueurs ou des influenceurs, pour obtenir les derniers modèles à la mode. On peut aussi se faire « customiser » le décor de la chaussure, c'est-à-dire choisir les dessins, inscriptions, couleurs, faire appel à un artiste, y apposer le visage de ses célébrités préférées. Les marques de luxe ont embrayé à leur tour, derrière Nike, Stan Smith, un modèle très prisé commercialisé par Adidas. Si le port de la basket ou de la *sneaker* en dehors des terrains de sport participait il y a vingt ans d'une forme de contre-culture, ce n'est plus le cas aujourd'hui. Ce marché mondialisé incarne à la fois les désirs des jeunes et les méfaits de la globalisation de l'économie. Le confort de ces chaussures se paie au prix d'une facture écologique importante.

Parmi les nouveaux comportements de loisirs prisés par la jeunesse, figurent aussi la fréquentation en groupe de petits « restos », ou l'appel à des sites en ligne qui proposent des repas à livrer à domicile, tel Uber Eats, illustration tout à la fois de la vélocité, de la mobilité, de l'individualisme entrepreneurial – souvent coûteux pour le cycliste qui livre. Or les repas qui ont la cote sont sans viande : *poke bowls*, repas végétariens ou vegan. Inconnues il y a vingt-cinq ans, ces myriades de restaurants se sont inscrites dans la culture jeune, avec le développement de la restauration rapide chez soi ou hors de chez soi. La pratique du resto dont on poste les photos des plats sur son compte Instagram est aujourd'hui inscrite dans les mœurs. Symbolique de ce mouvement, les sushis, qui sont à la gastronomie japonaise ce que sont les pizzas à la gastronomie italienne. Nos jeunes appartiennent à la « génération sushi ».

Dans le domaine des déplacements que les jeunes plébiscitent, c'est encore sur les sites accessibles du bout des doigts Internet que l'on va repérer les « bons plans », le billet au plus bas prix, une location à plusieurs dans un Airbnb. Seuls les vieux se rendent encore dans les agences de voyages.

Un nouvel ordre sexuel et amoureux

Dans la musique, les médias, dans les séries visionnées sur smartphone, sur les affiches, la thématique de l'amour et du sexe est aujourd'hui omniprésente ; ce champ considéré comme relevant de l'intime jusque dans les années 1980 est devenu objet de recherche légitime. Le rapport Simon, publié dans les années 1970, ouvrit une première brèche, mais il se plaçait dans le cadre d'une étude médicale des méthodes contraceptives. C'est en liaison avec le développement de l'épidémie de sida que fut lancée une première grande enquête sur les comportements sexuels en France[18]. Elle faisait apparaître, entre autres résultats, que l'âge des premières relations sexuelles s'était abaissé, notamment pour les femmes, passant de 21,3 ans entre 1921 et 1941 à 18 ans en 1973 ; pour les hommes, de 18,4 à 17,2. Caractéristique de la société occidentale est le rapprochement des calendriers sexuels des hommes et des femmes ; ainsi, l'enquête intitulée Baromètre santé jeunes 1998 montrait que les âges à l'initiation sexuelle étaient devenus identiques, pour les garçons et pour les filles dans les générations nées vers 1980 (autour de 17 ans)[19].

En l'espace de cinquante ans, les pratiques sexuelles ont totalement changé, conséquences des lois sur l'avortement, la contraception et des nouveaux rapports entre les sexes. Pour les femmes, jusque dans les années 1960, le premier rapport était souvent celui de la nuit de noces ou, en tout cas, le futur époux était souvent le premier et unique partenaire, tandis que, pour les garçons, le service militaire marquait fréquemment le moment des premières relations sexuelles. La libération des mœurs, la montée de l'égalité des sexes sont allées de pair avec la libération de la parole à propos de la vie sexuelle, ce qui a rendu possibles des enquêtes portant sur des histoires de vie sentimentales et sexuelles. C'est une des principales conclusions que la sociologue Janine Mossuz-Lavau[20] a tirées d'une enquête répétée à quinze années d'intervalle. Dans cet espace temporel, et les réseaux sociaux y sont pour beaucoup, de nombreux tabous concernant les pratiques sexuelles sont tombés. Associant dans son analyse vie amoureuse et sexuelle, l'auteure souligne la convergence des désirs de liberté sexuelle tant de la part des hommes que des femmes ; quant aux individus, quelle que soit leur orientation sexuelle, ils refusent de se faire enfermer dans des catégories.

Sujet donc autrefois tabou, la sexualité des jeunes est désormais beaucoup plus publicisée, voire intégrée à l'univers familial, même si les normes de contrôle concernent toujours plus souvent les filles que les garçons, éclairant la pérennité du vieux dicton populaire « Rentrez vos poules, mes coqs sont lâchés ». À vrai dire, le rôle des parents est de plus en plus modeste sur ce pan de la vie de leurs jeunes adultes, même si l'on peut observer l'influence du type de foyer sur les modes d'« entrée dans la sexualité » de jeunes de 15 à 18 ans. Ainsi, lorsque les parents sont séparés, et donc le père le plus souvent absent, les filles seront moins contrôlées, et la fréquence des rapports génitaux plus élevée. Cependant, « ni pour les garçons ni pour les filles, la transition vers la sexualité génitale n'est sensiblement affectée par le contrôle exercé par la génération adulte, que ce soit en termes de valeurs ou de normes, de prescriptions ou de liberté concrète au quotidien[21] ». Les normes dominantes sont désormais celles du groupe d'âge et non de la famille.

Au cours des années 1970 et jusqu'aux années 2000, période d'apprentissage de libéralisation des mœurs, il apparaissait que garçons et filles n'investissaient pas de la même façon la relation sexuelle. Pour les premiers, cette relation contribuait à une construction de soi, sans lien nécessaire avec le sentiment, tandis que les secondes, même si elles ne pensaient pas nécessairement à une relation stable, habillaient la plupart du temps ce rapport d'un enjeu sentimental. Les enquêtes montraient que les garçons avaient tendance à avoir des relations plus brèves et plus nombreuses que les filles, qui avaient des relations plus longues et un nombre moins élevé de partenaires. Depuis les débuts du XXIe siècle, une nouvelle phase des rapports sexuels et amoureux se dessine, alors que les possibilités de rencontres éphémères se sont multipliées aussi pour les jeunes filles, les plaçant sur un pied d'égalité avec les jeunes hommes. Si les jeunes couples des années 1970 vivaient leur sexualité dans le cadre d'une conjugalité cohabitante avec ou sans mariage, ce qu'on désignait par « sortir ensemble », « avoir un mec », désormais la sexualité est une manifestation de l'autonomie des individus[22]. La dissociation entre sexualité et mariage, puis entre sexualité et conception, est certes un phénomène déjà ancien, mais les nouvelles technologies de l'information et de la communication dissocient désormais sexualité et amour. Elles permettent de multiplier les possibilités de rencontres non seulement hors de tout contexte conjugal, mais hors de tout contexte sentimental. Contrairement à la seconde moitié du XXe siècle, écrit Christophe Giraud, « les jeunes adultes, hommes et femmes, vivent une multiplicité d'"histoires" intimes, sur des registres variés, des séquences avec des partenaires différents dans un contexte où rien ne permet de reconnaître *a priori* son ou sa partenaire pour la vie[23] ». Ces histoires relèvent d'un nouveau vocabulaire : « plan cul », traduction française de « *sex friend* », « *fuck friend* », et viennent concurrencer la notion de couple. Ainsi, le synopsis de la série *Les Grands* indique que « Hugo passe sa vie sur une appli de *dating*, enchaînant les plans cul dans le dos de sa copine, et se découvre une passion pour la photo ». Les sociologues américains observent aussi que le *dating* (flirt) typique des années 1960 et 1970 a été remplacé par le *hook up* (le coup). Les sites de rencontre sont pour beaucoup dans cette culture du « coup d'un soir ». Selon l'enquête de Marie Bergström, une spécialiste de l'étude des rencontres amoureuses sur le Net[24], 35,7 % des hommes et 22,9 % des femmes âgées de 26 à 30 ans déclaraient en 2013 s'être déjà inscrits sur un site ouvertement orienté vers des pratiques libres ou libertines. Le « sexe-loisir » et les histoires que l'on voudrait durables se fondent donc sur des bases différentes.

Depuis le début des années 2000, et avec une accélération constante depuis les cinq dernières années, les sites de rencontre sur Internet s'inscrivent dans le panorama des lieux de rencontre à visées principalement sexuelles. Des enquêtes récentes montrent que ces espaces instaurent de nouveaux scénarios de rencontre, suggérant des techniques spécifiques de présentation de soi, et tendent à favoriser des relations sexuelles de courte durée. S'y développent aussi les relations de flirt qui génèrent des expériences nouvelles en libérant la parole sur la sexualité. Cette « cybersexualité » autorise de nouvelles expériences, en dehors des scènes sociales qui peuvent être contrôlées par les pairs. Meetic, AdopteUnMec, Pointscommuns, Proximeety, Attractive World… ne supplantent pas les lieux classiques de rencontres en face à face, mais ils font partie du « territoire constitutif de la géographie sexuelle de la jeunesse[25] ».

Avec la multiplication des sites, le script romantique de la construction des couples qui s'est imposé à partir du XIXe jusqu'au début du XXIe siècle a donc explosé et la relation amoureuse devient une affaire à deux qui peut être marquée par l'éphémérité. Alors qu'elle ouvrait une perspective nouvelle de liberté, la relation entre amour, sexualité et formation des couples est totalement différente de ce qu'elle a été entre la fin de la Seconde Guerre mondiale et les années 2000. L'amour apparaît comme fragile et en tout cas s'exprime sur un autre mode que celui de la sémantique amoureuse conventionnelle. C'est ce que Christophe Giraud nomme amour prosaïque, « l'amour réaliste ». Échappent encore à cette norme d'une sexualité hors mariage les jeunes filles de familles traditionnelles, principalement musulmanes, pour lesquelles la virginité constitue un tabou, surtout dans la perspective d'un mariage endogame.

Aujourd'hui les expériences prématrimoniales sont courantes, et la fixation amoureuse avec le partenaire s'étale dans le temps. Dès le début des années 2000, comme l'ont montré les travaux de Jean-Claude Kaufmann[26], une des caractéristiques nouvelles de la sexualité est la dissociation entre premiers rapports sexuels et mise en couple. Parmi les bouleversements contemporains concernant la famille, la déliaison entre sexualité et procréation a été suivie de la déliaison entre sexualité et formation des couples. Ces pratiques sont désormais passées dans les mœurs et les parents sont moins inquiets en quelque sorte des choix amoureux de leurs enfants que de leurs choix d'étude[27]. Les jeunes connaissent des années d'expérimentation sexuelle et/ou amoureuse auxquelles ils aspirent depuis longtemps ; si les parents se moquent gentiment parfois d'une installation en « petits couples » ou en « couples de petits vieux », c'est parce qu'ils redoutent que sa précocité ne nuise au bon déroulement des études. Les multiples expériences et expérimentations sexuelles ne sont cependant pas sans danger, en ce qui concerne la maladie du VIH. Une enquête récente montre que le nombre de nouvelles infections chez les 15-24 ans a bondi de 24 % depuis 2007. Les jeunes considèrent le sida comme une « maladie de vieux » qui ne les concerne pas[28]. Or chaque année 700 jeunes sont contaminés. Leur vision de la maladie, comme le rappelle l'ouvrage d'une jeune femme contaminée à l'âge de 20 ans quand elle était étudiante[29], est très paradoxale : d'un côté la maladie est banalisée ; de l'autre, elle est toujours associée à l'idée de la mort, ou souvent d'une mort sociale.

Nos vingtenaires sont encore bien loin sur le chemin de la fixation d'une relation, mais ils ont maintenant en tête un schéma normatif qui, d'une certaine façon, relativise le poids de l'« amour » dans la création des unions. Encore un symbole caractéristique des générations passées qui disparaît.

Un nouveau rapport au travail

Lorsque des grands-pères américains demandent à leurs petits-enfants âgés de 20 ans vers quelle activité professionnelle ils veulent se diriger, et se donnent en exemple pour montrer qu'avec de la volonté et du courage, on arrive à réussir, ceux-ci leur répondent : « *OK boomer* », qu'on peut traduire par : « Cause toujours, t'es plus dans le coup », renvoyant ledit grand-père à la génération gâtée des baby-boomers. La formule s'est maintenant répandue dans les médias français. Ces grands-parents, *alias* ces grands-boomers, sont-ils si ignorants des changements de la situation du marché de l'emploi que leurs petits-fils et filles doivent affronter ?

Extérieures au champ familial, un ensemble de circonstances contribuent, depuis les années 2000 et chaque année davantage, tant à creuser un fossé entre générations qu'à renforcer la séparation des âges, dans des domaines clés de la vie publique, le plus manifeste et le plus important étant celui du travail. Sans même parler des cultures paysannes qui voyaient deux, voire trois générations travailler ensemble sur une même exploitation, ou de la période de l'industrialisation au cours de laquelle plusieurs membres de la même famille étaient dans l'entreprise, tant du côté des dirigeants que des ouvriers, sur deux ou trois générations, cette continuité laborieuse fait partie des schémas du passé. Le marché du travail a radicalement changé alors que les conditions de la vie redessinent celles de l'emploi. La période d'études s'est allongée comme s'est allongée de façon phénoménale la durée de vie. On entre plus tard sur le marché de l'emploi, et jusqu'à présent on en sortait de plus en plus tôt en raison du problème du chômage pour les plus de 55 ans. La mise en place d'une nouvelle loi sur les retraites redessinera le temps de la vie active ; les Français ont maintenant conscience qu'à l'instar des autres Européens, ils auront à travailler plus longtemps.

Nés dans ce contexte socio-économique, les jeunes de 20 ans et plus arrivent à l'âge des choix porteurs de nouvelles valeurs. À la fois individualistes et généreux, soucieux du devenir de la planète, inquiets des défis climatiques, comme l'ont montré les réponses à notre questionnaire, ils aspirent à de nouvelles façons de vivre leur vie. Une génération de l'éphémère qui, à la fois, adopte la nouveauté et s'en lasse vite. Prête à s'engager pour une cause, et en même temps pas nécessairement pressée d'entrer dans la vie d'adulte sur le modèle de ses parents. Comme les baby-boomers, ces jeunes veulent aussi profiter de la vie, vivre d'imprévus, d'adrénaline, de sensations et d'émotions. Bien conscients que le travail a fondu et devient une denrée rare, ils adoptent une attitude ambivalente : d'une part, ils savent que ce travail, il faut aller le chercher, mais ils veulent pouvoir donner un sens à leur activité, quitte à se tourner vers des secteurs moins rémunérateurs, mais moins exigeants en temps que ceux auxquels leurs diplômes les destinent. Les enquêtes[30] le montrent, la génération nouvelle recherche dans le travail « un climat relationnel propice à une cohérence entre vie personnelle et vie privée ; elle est à la recherche d'autonomie, orientée vers l'entrepreneuriat, se veut innovante, en attente forte d'accomplissement d'elle-même ».

La conception du travail révélait dès la fin des années 2000 une fracture avec celle des aînés. Dominique Epiphane et Emmanuel Sulzer, chercheurs au Centre d'études et de qualifications (CEREQ), notent[31] : « Force est de constater que les jeunes se distinguent de leurs aînés en ce qu'ils semblent moins enclins à investir coûte que coûte n'importe quel emploi à n'importe quel prix, et que la vie hors travail prend plus d'importance à leurs yeux. Il faut cependant se garder d'y voir une “dévalorisation” du travail en tant que tel, dans la mesure où les jeunes investissent le monde du travail avec des attentes fortes en matière de réalisation de soi et de potentiel de progression. Signe de cette redéfinition de la place et de la fonction du travail, ce dernier ne devra pas seulement permettre de construire une famille (dimension toujours essentielle), mais plus fondamentalement pourra y contribuer directement en facilitant la conciliation avec le hors-travail. »

Selon le *Journal du Net*, ce qui distingue la génération née avec le millénaire des générations plus anciennes, c'est la recherche de créativité[32]. Les formes d'emploi se modifient profondément, même si le statut le plus recherché est encore celui du CDI. Nombre de jeunes se lancent ainsi dans la réalisation de projets individuels à travers les start-up. La presse se fait souvent l'écho de ces carrières inattendues, qui n'auraient jamais pris une telle forme vingt années auparavant – un jeune diplômé d'une grande école de commerce quittant son poste d'analyste dans une institution financière de rang mondial pour devenir menuiser ou créer son entreprise. La start-up, terme qui a vu le jour aux États-Unis dans les années 1920, s'est généralisée dans les années 1990 lors de l'émergence des entreprises liées à Internet. Associé au développement des technologies du numérique, il est utilisé pour *start-up company* – *start* désignant le lancement et *up* le mouvement vers le haut – et peut donc se traduire par « entreprise qui démarre ». En français, on a parlé de « jeune pousse », en association avec des termes liés au langage de la création, comme « incubateur » ou « pépinière » d'entreprises, mais c'est le terme anglais qui s'est imposé et, dans la foulée, celui de *startuppers* pour évoquer cette génération de jeunes créateurs d'entreprises qui prennent des risques afin de donner sens à un projet, tout à la fois projet professionnel et projet de vie, de préférence à une carrière au sein d'un grand groupe dont la pérennité n'est de toute façon jamais assurée. En créant leur start-up, ces jeunes espèrent avoir un impact sur le monde. Même les jeunes scientifiques s'y mettent, inquiets de la crise de la recherche et soucieux de valoriser leurs savoirs et découvertes mieux qu'au sein de laboratoires de recherche et à travers des publications scientifiques. Laure Belot[33] rapporte les propos d'un professeur à Mines ParisTech, spécialiste des start-up, qui explique « pourquoi des jeunes scientifiques sautent le pas ». Chimiste, pharmacien, urbaniste, biologiste, physicien, ils ont décidé après leur thèse ou au cours de leur post-doc de créer ce qu'on nomme une start-up « *deep tech* », souvent en association avec des gestionnaires. Selon Philippe Mustar[34], ce mouvement des *deep tech founders* est mondial et la France y participe. Il cite à l'appui de ses dires la baisse des chiffres d'entrée dans les grands groupes au sortir de la prestigieuse école Mines ParisTech : 85 % en 2000, 38 % en 2019. Le mouvement ne ralentit donc pas, même si les réussites sont peu nombreuses et durables. L'image positive des start-up comporte cependant de lourds revers qu'analyse Léa Iribarnegaray[35] à travers les témoignages de jeunes, poussés même par leurs enseignants à s'y engager. Le mode de fonctionnement de l'entreprise a évidemment de quoi plaire : ambiance jeune, management horizontal, sociabilité. La journaliste parle de « miroir aux alouettes », de « mascarade », citant des expériences très coûteuses pour ceux qui, après avoir rêvé, se heurtent à la réalité du marché, aux difficultés du financement, etc. Les anglicismes, tels les *free perks* qui désignent les avantages que propose l'entreprise, comme offrir des fruits frais ou une carte gratuite à un club de gym, cherchent à « faire passer la pilule », écrit-elle.

Avec sa nouvelle formule, les membres des start-up s'inscrivent cependant encore au sein du mouvement de croissance économique. D'autres font le choix inverse, recherchant la décroissance, comme ces ingénieurs portés par de fortes convictions relatives au réchauffement climatique, un comportement qui fait écho aux inquiétudes profondes révélées par notre questionnaire. Un ingénieur français, Vincent Liegey, a ainsi cofondé en Hongrie, dans une ferme, un « centre de recherches sur la décroissance », position politique dont il est l'un des tenants. Les stagiaires y expérimentent les techniques de permaculture, d'agroforesterie, d'agriculture biologique, etc. Il estime que « c'est un changement de paradigme qu'est en train de faire cette génération », observant l'augmentation des demandes pour ces stages qui devraient conduire ces jeunes ingénieurs à reproduire en France les expériences acquises dans le laboratoire hongrois. Ce faisant, certains de ces jeunes ingénieurs remettent en cause les fondements de leur enseignement qui, à leurs yeux, ne fait plus sens. De même, dans les écoles de design, les étudiants questionnent souvent la société de consommation[36] et certains d'entre eux décident de se tourner vers la transition écologique. En quelque sorte, génération de l'entre-deux, les jeunes s'inquiètent en effet de devoir s'engager dans de grandes entreprises qui les empêcheraient de monter les projets auxquels ils tiennent et qui n'ont pas encore intégré leurs valeurs. Et le design, désormais, ce n'est plus créer des objets jetables, mais au contraire des objets faits à partir de matériaux durables ou recyclables.

Pour les moins diplômés, un autre mode d'entrée dans le travail devient perceptible : selon une enquête menée par *Famille et éducation*[37] qui s'appuie sur des entretiens de fondateurs d'entreprises ou de professeurs de management, de plus en plus de jeunes, conscients que l'emploi à vie est fini (depuis longtemps d'ailleurs), y compris de jeunes étudiants, se lancent dans l'entrepreneuriat individuel, recrutant parmi leur réseau personnel ou celui de leur école. Le statut d'entrepreneur indépendant incarne la liberté et concerne aujourd'hui 12 % de la population active. Parmi eux, les slasheurs, ces travailleurs qui exercent plusieurs activités, en référence au *slash*, le nom anglais du signe « / » qui sépare les différentes activités quand ils les énumèrent, notamment sur LinkedIn – par exemple, « consultante en communication/coach de dirigeants/créatrice de bijoux ». Les slasheurs sont des travailleurs qui ne se reconnaissent pas dans le choix d'une voie professionnelle unique. Ils sont davantage généralistes et polyvalents que spécialistes d'un sujet et choisissent de travailler en mode « multi » plutôt que « mono ». Cumuler l'exercice de plusieurs activités n'est pas quelque chose de nouveau, mais le terme slasheur permet de mieux l'assumer, voire de valoriser ce mode de travail. Ici aussi, génération de l'entre-deux, nos jeunes se lancent sur un marché du travail qui a encore tendance à valoriser le modèle de la « carrière » où l'on franchit les échelons au sein d'une même entreprise, ou encore le travail dans une spécialité qui se concentre sur le progrès dans une compétence précise. À l'inverse, les profils polyvalents et « multi » sont moins valorisés. Le mot « slasheur » a été créé et répandu pour défendre une philosophie du travail en mode « multi », où l'on se donne le droit d'explorer plusieurs sujets, même s'ils paraissent ne pas avoir de fil conducteur : « Utiliser le terme "slasheur" permet de se définir aux yeux des autres travailleurs pour expliquer que l'on mène plusieurs activités qui peuvent paraître sans rapport à première vue[38]. » Parmi ces entrepreneurs indépendants, la plate-forme de taxis Uber, arrivée en France il y a huit ans, a semblé proposer un modèle économique permettant de mener vers l'emploi nombre de personnes sans diplôme. Depuis, les phénomènes d'exploitation de ces entrepreneurs personnels ont été dénoncés, et Uber a été notamment condamné et obligé à requalifier le statut de ses chauffeurs. Sans autres ressources que celles offertes par ces plates-formes, au cours de la pandémie, ces entrepreneurs indépendants ont été contraints de prendre tous les risques pour livrer par exemple des repas à domicile – faute de quoi, ils n'avaient aucune rentrée d'argent.

Une jeunesse écolo

Tout en restant accrochés à leurs smartphones, en utilisant des émojis dont on dit qu'ils sont consommateurs de carbone, cette jeunesse se place définitivement sous le signe de l'écologie, dont le porte-drapeau international est Greta Thunberg, figure de proue du mouvement Youth for Climate, une jeune fille suédoise de 17 ans qui connaît un formidable succès médiatique. Elle a réussi dans toutes les grandes villes européennes à mobiliser de jeunes lycéens, appartenant généralement aux couches aisées de la population, auxquels elle a pu faire abandonner leurs cours plusieurs vendredis de suite, souvent avec l'aval de leurs parents. À elle seule, cette figure quasi mythologique incarne la rupture générationnelle. Un article de *L'Obs*[39] développe le contraste entre les attitudes des thunbergphiles et des thunbergphobes : « Les pro-Greta d'âge mûr ont tendance à estimer que leur “temps” touche à sa fin et qu'il convient de laisser le monde entrer dans une nouvelle ère », tandis que les anti-Greta récusent la critique qu'elle distille contre les Trente Glorieuses qui, jugent-ils, ont apporté un véritable mieux-être à une bonne part de l'humanité. En bref, ils refusent de voir de plus « jeunes » qu'eux prendre la relève.

Non sans contradiction, ces jeunes tentent d'accorder leur engagement politique avec leurs façons de vivre. Au sein des foyers, ils contraignent leurs parents à ne plus stocker leur nourriture qu'en bocaux, refusent un grand voyage en avion, n'utilisent plus de vaisselle jetable[40], etc. Ils rejettent les produits carnés, souvent au grand étonnement de leurs parents qui n'avaient foi, au siècle dernier, que dans la viande. À la décharge de la consommation carnée, il faut tout de même lui reconnaître qu'elle a permis à cette génération-là, comme à la précédente, de prendre des centimètres, à raison de 1 par décennie depuis 1981. Ce refus de la viande est une des manifestations de la conscience écologique. Sans parler de nouvelle religion, dans un monde où ils sont très largement déchristianisés, l'engagement de ces jeunes relève d'une posture morale qui comporte un élément de transcendance, habité par une croyance eschatologique. En soumettant le reste de la maisonnée à leurs injonctions, ils ne sont généralement pas en conflit avec leurs parents, qui partagent désormais les mêmes préoccupations et, plus encore, se sentent coupables d'être en partie responsables du désastre climatique contre lequel ils se mobilisent. On relève pourtant des frictions au sein des familles. Une autre des petites-filles d'une des deux auteures, devenue végétarienne, a du mal à partager les repas de cousins en raison du menu proposé. Dans les placards des grands-parents ou des parents traînent encore des pailles, des assiettes et des verres en plastique, souvenirs du monde de la consommation et du jetable, qu'il faut faire disparaître à l'arrivée des écolos familiaux. Ainsi peut-on dire aujourd'hui que dans chaque famille il y a une Greta Thunberg qui enrôle ses parents dans la lutte pour l'écologie.

Une jeunesse mobile et internationale

Col de la Leisse, à 2 761 mètres dans la vallée de la Tarentaise, juillet 2019. Jérémie, 22 ans, est assis et savoure une barre chocolatée bien méritée. Depuis 36 jours il marche seul le long du GR5. Parti des Dolomites, il ne se fixe pas de limite. Pour l'instant, sans attaches familiales, cet originaire de Normandie ne pose son sac que lorsqu'il a besoin d'argent, cherche un petit boulot là où il se trouve et repart ensuite sur les routes. Pas de projet personnel autre que la marche, le besoin d'évasion. Mais, arrêté à ce col, il fait aussi la douloureuse constatation des effets du réchauffement climatique, dont il voit les ravages sur le glacier de la Grande Motte ou sur le lac des Nettes, réduit à un étang aux eaux encore turquoise. Libre, ouvert aux rencontres, souple quant à la façon de se procurer des ressources, frugal : le mode de vie de Jérémie est-il une métaphore de la jeunesse contemporaine ?

Les nouvelles formes de mobilité, notamment dans l'espace urbain, concernent une large fraction de la population, comme l'ont montré les comportements lors de la grande grève de décembre-janvier 2019-2020 qui permettait d'apercevoir beaucoup de cheveux blancs sous les casques des vélocyclistes. Mais les vingtenaires entretiennent un rapport particulier à la mobilité. Ainsi la voiture, qui était un des principaux moyens de déplacement, symbole de la réussite et de la croissance, ne leur fait plus envie. Obtenir le permis de conduire était autrefois un rite de passage qui marquait l'entrée dans l'âge adulte. Ce sésame de la liberté et de l'indépendance ne fait plus rêver. Pas d'attache automobile et passer son permis, à quoi bon ? Il y aura toujours un copain qui sait conduire, un adulte pour prêter une voiture, un site de copartage. La jeunesse est mobile, sans chercher à posséder, mais plutôt à partager. C'est la trottinette, le vélo de location qu'on prend ici et qu'on abandonne là, qui incarnent le mieux le jeune dans ses 20 ans.

Être mobile, c'est aussi voir l'Europe et le monde, rendre visite aux amis en stage à Berlin comme en Asie. Cette génération est beaucoup plus cosmopolite que la précédente ; l'une des décisions les plus intelligentes de l'Union européenne a été la mise en place des programmes Erasmus qui permettent aux jeunes de voyager d'un pays à l'autre et dont le film de Cédric Klapisch *L'Auberge espagnole* a été le plus ardent propagandiste[41]. Ainsi les jeunes Français non seulement consomment beaucoup de produits culturels qui viennent de l'étranger, musique, films, séries, mais ils voyagent, font des stages à l'étranger dans le cadre de leurs études ou de leurs loisirs. Cette mobilité spatiale contribue ainsi à leur internationalisation, et surtout à leur européanisation : aller s'installer à l'étranger est aussi à l'horizon de leurs préoccupations s'ils craignent de ne pouvoir trouver un emploi en France. Les sociologues de la culture Vincenzo Cicchelli et Sylvie Octobre[42] montrent que les jeunes sont les plus engagés dans le processus de globalisation par la consommation de produits culturels qui connaissent auprès d'eux des succès phénoménaux ; cela s'est notamment vérifié pendant le confinement, lors de la pandémie de 2020. Ainsi l'application TikTok, lancée en Chine en 2016, qui permet de produire et d'échanger de courtes vidéos humoristiques, est désormais passée en tête, devant Facebook, Snapchat et Instagram. TikTok est l'un des exemples de cette cosmopolitisation de la jeunesse dont l'imaginaire est façonné par des références esthétiques, historiques, politiques autres que celles de leur pays d'origine.

Deux postures s'affrontent à propos de cet engouement pour les musiques et séries étrangères, selon les auteurs : soit les jeunes obéiraient à des injonctions qui valorisent, comme autre expression de la globalisation, la diversité culturelle ; soit ils témoigneraient d'une nouvelle sensibilité qui fabrique de nouvelles normes rendant impératif l'éducation au cosmopolitisme.

Ce que le confinement a fait à la jeunesse

L'arrivée inattendue de la pandémie a mis un frein brutal à cette mobilité. Bien mal nommée en effet a été l'exigence de « distanciation sociale » pour prévenir son expansion. Certes, il s'agissait de renoncer à tous les plaisirs collectifs que peuvent être les sorties entre amis, les repas en famille, la fréquentation des cafés, des théâtres, des restaurants, des matchs, etc. Ce qui était demandé à la société, c'était de ne pas bouger : « Restez chez vous », enjoignaient les messages télévisés aux citoyens accrochés à nouveau à ces anciens écrans. Plus que de distanciation sociale, il s'agissait surtout de maintenir aussi une distanciation « physique », soit un écart supérieur à 1 mètre entre deux individus. À cette distanciation physique, à cette séparation radicale d'avec ceux qui n'étaient pas confinés avec vous, la proximité sociale devait répondre. Certes, la proximité du toucher – un sens qui semblait aller de soi et soudain redécouvert – avec l'embrassade, le bisou, le baiser, le serrement de main, l'accolade, rien ne pouvait la remplacer. Mais on peut rendre grâces aux opérateurs téléphoniques, à Internet, WhatsApp et autres applications comme Messenger ou Zoom d'avoir permis de créer des groupes familiaux, de rester en lien, de donner des nouvelles, de rompre la monotonie des jours : la voix, la vue de l'ami, du compagnon ou de la compagne, du parent qui manque remplacent, un moment, la réunion sociale dont on est privé.

Face à ce problème essentiel au cours de la période du confinement, les jeunes ont occupé une place ambivalente. D'un côté, en tant experts des jeux en réseau, de la création de vidéos, de l'usage de toutes les applications mobiles, ils ont relativement bien surmonté le problème de l'isolement. S'inventent au sein des immeubles, surtout entre jeunes, des apéros WhatsApp – les psychiatres ont d'ailleurs remarqué que lors d'attentats ou de phénomènes collectifs graves (des élèves mis à genoux par des policiers), ils se réfugient plus auprès de leurs amis que de leurs parents. Avec le confinement, il en va de même. Néanmoins, ce sont eux qui ont initié les plus âgés à ces techniques. Eux qui ont permis de maintenir ce lien fragile, notamment avec les plus âgés.

L'impératif du confinement pose des problèmes spécifiques aux jeunes, bien différents selon que l'on parle de ceux et celles qui font des études ou de ceux qui n'en font pas. Faute d'autre choix, certains se retrouvent bloqués dans un petit espace et doivent faire preuve de résilience morale pour voir passer les jours, entre les cours qu'il faut suivre, les examens à préparer. Internet est évidemment une immense ressource, entre jeux en ligne, chats, ou groupes *ad hoc* sur Zoom ou WhatsApp, soit familiaux, soit amicaux. D'autres font le choix de se confiner à plusieurs. Entre la petite chambre d'étudiant et le retour au foyer parental, ils trouvent une troisième voie. À l'image de *L'Auberge espagnole*, ils partagent une colocation au sein de laquelle ils établissent des règles strictes. La distance physique est respectée, le tour de courses et de ménage est programmé chaque semaine. Ainsi peuvent-ils ensemble lutter contre les effets nocifs de l'isolement individuel, la dépression, l'alcoolisation avec, de surcroît, l'assurance d'être entouré si l'un d'entre eux tombe malade[43].

Le confinement, de plus, révèle brutalement et cruellement les inégalités sociales entre les familles et, par conséquent, entre les jeunes, à travers les conditions de l'habitat. Pour les occupants des barres de HLM aux appartements surpeuplés, se confiner n'a pas le même sens que dans des appartements spacieux sis dans un paysage arboré. Il n'est donc pas étonnant que le nombre de victimes du Covid soit particulièrement élevé dans les départements du nord de la capitale : les jeunes continuent de se rassembler par petits groupes en dehors de chez eux, au pied des barres. Pour eux, le dehors est le chez soi. Encore plus en difficulté sont les jeunes qui, en rupture de ban avec leur famille, sont généralement suivis par des éducateurs qui ne peuvent plus leur rendre visite et qui, laissés à eux-mêmes, ne peuvent bénéficier du soutien de leurs pairs.

Certains jeunes, parmi les plus aisés, avaient fait le choix de « recohabiter » avec leurs parents après une période d'indépendance parfois de plusieurs années et cette situation a pu être difficile pour eux comme pour leurs parents. Moment totalement inattendu dans le cycle de vie classique, voilà la famille reconstituée, papa, maman et les enfants. Non sans difficultés parfois, tant les modes de vie se sont éloignés, entre le jeune qui se restaure à l'heure qui lui convient et la régularité des repas familiaux. Dans le retour à la maison, le jeune, bien que devenu adulte, doit réendosser le rôle de l'enfant. C'est parfois l'objet de tensions, parfois une expérience absolument inédite pour des parents ayant dépassé la cinquantaine de cohabiter au long de si longues semaines avec leurs enfants vingtenaires, déjà engagés dans la vie professionnelle. C'est souvent le privilège des classes les plus aisées[44] et ce retour n'est qu'un des multiples exemples des aides que reçoivent les jeunes, et notamment en temps de crise.

Si toutes et tous partagent une forme d'anxiété à l'égard de leur futur, ici encore il faut distinguer entre les étudiants et les autres. Les premiers voient leur promesse de stage s'envoler, tout comme une année universitaire prévue à l'étranger, organisée longtemps à l'avance, ou s'inquiètent d'une année perdue qui contraindra à prolonger des études. Les perspectives d'emploi sont mauvaises, comme celles, par ricochet, de leur future carrière. La situation est encore plus anxiogène pour ceux qui avaient des CDD, des jobs par intérim qui ont été stoppés net dès lors qu'ils étaient dans des secteurs économiques particulièrement en difficulté. Leurs projets s'évanouissent, rendant par exemple plus difficile l'accès à un logement. Pour tous, et notamment cette seconde catégorie sans diplôme, ou peu diplômée, l'anxiété pour son sort personnel s'articule aux inquiétudes – déjà formulées par les répondants de notre enquête – relatives à l'écologie. Le confinement a rendu visibles les profondes inégalités de la société. Ce sentiment alimente une peur du déclassement, parfois une rage contre la société qui s'est exprimée notamment dans les manifestations de début juin 2020, à la suite de la mort de George Floyd. « Les jeunes ont perdu confiance », note la sociologue Anne Lambert[45].

Une jeunesse aidée

Porteurs de nouvelles façons de faire dans la plupart des champs sociaux, les jeunes continuent en effet d'être aidés par leur famille. On en a montré dans les chapitres précédents les conditions sociodémographiques et économiques.

La famille du XXIe siècle, comme celle de la fin du XXe, se construit principalement autour de l'enfant[46], son éducation, ses études, sa préparation à la vie adulte. Assurer l'avenir des enfants et des jeunes est une préoccupation majeure qui mobilise les efforts des parents et grands-parents. Cette mobilisation se traduit sur le plan social par l'importance des aides économiques qui leur sont accordées par le système de protection sociale (allocations familiales, aides au logement, bourses d'études, etc.), mais aussi par leur famille. Comme nous l'avons montré, dans tous les pays d'Europe, la plupart des jeunes reçoivent des aides monétaires de leurs parents et de leurs grands-parents ; elles peuvent prendre – relativement rarement – la forme de la cohabitation, sauf moments exceptionnels ! Ce phénomène aujourd'hui d'une grande banalité est en réalité historiquement nouveau[47]. Il résulte de l'instauration de la protection sociale, qui a révolutionné les rapports entre générations. De travailleur, l'enfant est devenu porteur d'un « projet » pour l'avenir. L'amélioration des retraites a permis aux personnes âgées d'acquérir une indépendance résidentielle et financière et de devenir, pour une grande partie d'entre eux, des pourvoyeurs d'aides pour l'ensemble de la famille, enfants et petits-enfants, contribuant à la pacification des rapports entre générations et à leur rapprochement.

Loin d'opposer les générations dans une hypothétique compétition pour bénéficier des financements publics, les retraites, qui sont le produit de l'institution d'une solidarité publique entre les générations, agissent dans la réalité vécue des familles comme ciment entre elles, de plusieurs façons. D'abord, les décisions publiques à leur sujet concernent les futurs retraités, donc les jeunes et les personnes en activité au moment où sont décidées des réformes. Les jeunes ne s'y sont d'ailleurs pas trompés et, dans le cadre des nombreux débats concernant la réforme des retraites en France, ils se sont montrés solidaires aux côtés de ceux qui étaient vent debout contre les projets gouvernementaux. Gilets jaunes, grands-parents et petits-enfants, même combat. De ce point de vue, la question des retraites, loin d'entraîner une guerre des générations, comme l'ont soutenu certains milieux, a plutôt pour effet de les rendre solidaires.

Le patrimoine des ménages français a triplé en vingt ans[48] et le taux des transmissions annuelles (par donations et héritage) par rapport au montant de patrimoine global augmente depuis 1980. La France devient de plus en plus une société rentière et héritière, mais avec de fortes inégalités : les seniors ont plus d'argent et de patrimoine que les juniors (avec des inégalités croissantes au sein des seniors), et l'écart se creuse entre ces générations, alors que les jeunes ont davantage besoin d'argent. Les pratiques d'héritage, cela est bien connu, se transmettent le long des générations : on a d'autant plus tendance à faire des donations ou à laisser des héritages à ses descendants qu'on a soi-même reçu des donations ou des héritages. Le bien hérité des ascendants a aussi une valeur spéciale qui ne se réduit pas à sa valeur marchande : il est souvent conservé dans la famille, dans la mesure du possible, et retransmis aux générations suivantes. Il reste que ces pratiques patrimoniales sont des sources majeures d'inégalités et de reproduction des inégalités. Quoi qu'il en soit, c'est dans le cadre de ces soutiens familiaux que les jeunes aujourd'hui peuvent innover, rejeter les anciennes façons de faire, d'aimer, de se distraire : s'ils tournent le dos à la famille, c'est peut-être parce qu'ils savent qu'ils peuvent s'y adosser.

CHAPITRE SIX

Descendants d'immigrés

Sous le panorama qui caractérise à grands traits la génération de nos vingtenaires, plusieurs jeunesses se manifestent et se côtoient, s'opposant ou s'ignorant. Les inégalités et diversités sont d'ailleurs plus marquées que dans les générations précédentes ; ce sont les conséquences lointaines de la colonisation, des transformations socio-économiques et des migrations internationales. Ainsi, une partie de la jeunesse française, tout en participant de cette culture horizontale et innovante, présente des spécificités par rapport à l'ensemble social dont nous venons de parler. Il s'agit des descendants d'immigrés à propos desquels un double tableau contrasté se dessine : intégration pour la plupart *versus* « jeunes de banlieue » en difficultés.

Comment nommer un ensemble social ?

En 1985, dans le numéro de la revue de l'Unesco consacré à la jeunesse, le sociologue Mohammed Mazouz écrit : « Comme s'il s'agissait d'un phénomène récent, la langue française dispose d'une multitude de désignations pour nommer les jeunes enfants de travailleurs étrangers. Ainsi parle-t-on de "jeunes immigrés", d'"enfants d'émigrés ou d'immigrés", de "génération zéro", de "jeunes issus de l'immigration", de "jeunes i-émigrés", etc.[1]. »

Plusieurs décennies plus tard, ces mêmes questions sémantiques n'ont pas trouvé de solution qui fasse consensus. Parler de « jeunesse issue de l'immigration » ou d'« enfants » ou de « descendants d'immigrés » inclut tous ceux dont les ascendants, parents, grands-parents ou même arrière-grands-parents ont immigré en France, et dont une partie a formé un couple endogame ou mixte, franco-immigré. Il s'agit donc d'un large ensemble aux contours imprécis, ce qui correspond finalement à la réalité d'une large intégration à la population de la France, la majorité des descendants d'immigrés s'étant fondue dans la société française. À la différence des États-Unis, qui disposent de statistiques ethniques pour désigner les Italo-Américains, Sino-Américains, Latino-Américains, Mexico-Américains, Afro-Américains, etc., la France ne fait pas mention des origines des migrants et descendants d'immigrés, qui ne sont pas différenciés dans les données de population, les statistiques « ethniques » étant interdites, après avoir fait l'objet de débats contradictoires.

En effet, et contrairement à une idée encore répandue, les enfants d'immigrés connaissent pour la plupart une ascension sociale par rapport à leurs parents. Ils ont en majorité un bon niveau d'études, sont nombreux à accéder à l'université et connaissent souvent une véritable réussite dans la société française, signe de leur intégration[2]. De très nombreux exemples en témoignent. Citons, parmi les personnalités préférées des Français, Zinédine Zidane ; des acteurs comme Omar Sy ou Kad Merad ; des humoristes à succès, Gad Elmaleh, Noom Diawara, Cécile Djunga, Gabriel D'Almeida-Freitas… et bien d'autres. Ils sont nombreux parmi les intellectuels de renom, comme Abdelmalek Sayad, Albert Memmi, Gao Xingjian, Tahar Ben Jelloun ; ils sont aussi directeurs d'entreprises, enseignants et directeurs d'université, médecins hospitaliers. Dans tous les postes de pouvoir publics et privés, les descendants d'immigrés sont présents. Pourtant il est fréquent de lire dans les analyses comparant les enfants d'immigrés à l'ensemble de la population du même âge qu'ils auraient, au contraire, un plus faible niveau d'études, qu'ils seraient défavorisés sur le plan éducatif ; ce biais peut être attribué au fait qu'on compare les jeunes descendants d'immigrés à l'ensemble de leur classe d'âge, sans prendre en compte la catégorie socioprofessionnelle des parents, dont on sait bien qu'elle est déterminante. Les enfants d'immigrés ont plus souvent des parents ouvriers que l'ensemble des jeunes et, s'ils ont des performances scolaires inférieures en moyenne à celles de la population générale de même âge[3], c'est en raison de leur origine ouvrière et non de leur origine immigrée.

Dans une enquête portant sur près de 20 000 enfants d'immigrés venus de tous pays, d'Afrique, d'Afrique du Nord, d'Orient, d'Europe, d'Asie, d'Amérique, les niveaux d'études des enfants ont été comparés à l'aide d'un modèle statistique, permettant de mesurer l'effet de chaque caractéristique du jeune et de sa famille, « toutes choses étant égales par ailleurs ». Les résultats confirment que la performance scolaire est corrélée au capital économique et social de la famille en France, et aussi, cela mérite d'être souligné, au statut social qui était le sien dans le pays d'origine ainsi qu'aux conditions socio-économiques à son arrivée en France. Surtout, ils démontrent que le niveau d'études des enfants d'immigrés n'est pas lié au pays d'émigration ; autrement dit, il y a égalité des chances scolaires entre toutes les origines ethniques[4], à revenus et statut social équivalents. L'enquête montre aussi le dynamisme des jeunes filles, qui réussissent mieux à l'école que les garçons, comme c'est le cas dans la population générale[5]. Enfin, le facteur le plus stigmatisant ne tient ni au milieu familial ni à l'origine géographique, mais principalement à l'environnement urbain : habiter des quartiers dits difficiles est source de difficultés, d'échecs et d'inadaptations. C'est le cas de 20 % environ des personnes enquêtées. Associer les résidents de ces quartiers à l'image des jeunes issus de l'immigration, alors que 80 % de ces derniers vivent en dehors de ces zones, participe des représentations erronées et stéréotypées à leur sujet. Il semble même que, à milieu familial équivalent, la mobilité ascendante des enfants d'immigrés soit plus fréquente que parmi les Français d'origine[6], ce qui peut s'expliquer par la pression plus forte exercée par les parents en faveur de leur réussite : offrir les chances d'un meilleur destin à ses enfants fait partie des motivations de la décision d'émigrer. La migration ouvre plus de possibilités aux enfants, en déjouant les mécanismes structurels de reproduction sociale, du fait du changement radical et décisif que représente l'installation dans un nouveau pays.

Au cours des dernières décennies, des immigrés sont venus de tous les continents, porteurs de cultures et de religions très variées. Malgré une intensification de l'immigration provenant de pays asiatiques ou européens, la plus nombreuse reste celle qui est originaire des anciennes colonies françaises, des pays d'Afrique du Nord et d'Afrique subsaharienne. Parmi eux, la religion la plus représentée est l'islam, qui est devenu une composante significative de la société française.

En regard des attitudes et façons de faire décrites dans les chapitres précédents, certains de ces vingtenaires se distinguent toutefois par leur éducation familiale imprégnée par la culture musulmane, qui se marque notamment dans la façon de s'épouser, de prénommer ses enfants, ou encore dans ses opinions politiques.

S'épouser

Dans les familles musulmanes traditionnelles, les relations entre sexes sont régies par des principes plus rigides que ceux qui ont cours dans l'ensemble de la population française. Elles sont empreintes de valeurs religieuses qui insistent sur la séparation ; les relations sexuelles sont beaucoup moins libres que pour les jeunes Français ; la virginité des jeunes filles demeure un tabou. En témoigne le fait que les mariages sont bien plus nombreux dans ces familles et, par conséquent, que le nombre d'enfants nés hors mariage (qui atteint désormais 60 % des naissances dans la population générale) soit faible. Les jeunes Français d'origine maghrébine se marient donc plus et plus tôt que la moyenne nationale.

Si les démographes insistent sur l'importance des mariages mixtes (27 %), qui sont signe d'intégration, ils observent que leur visibilité est aussi la conséquence d'un biais statistique : leur taux augmente du fait de la diminution générale du nombre de mariages en France. Par ailleurs, depuis le début des années 2000, beaucoup de Français d'origine étrangère retournent au pays, ou font venir *via* des réseaux familiaux une jeune fille de leur village ou de leur région pour l'épouser. Or de telles unions sont comptabilisées comme mixtes. Effet statistique pour habiller une réalité nouvelle : le choix pour une minorité non négligeable de se marier au sein de sa communauté d'origine.

La mixité conjugale est souvent interprétée comme la rencontre de systèmes de valeurs, de traditions familiales et culturelles différentes, suscitant diverses réactions d'acceptation ou de rejet dans l'environnement social. Depuis plusieurs décennies, les sociodémographes ont montré que former un couple réellement mixte – franco-maghrébin/français – pose des problèmes spécifiques[7]. Les époux ont à gérer une double appartenance, tant sur le plan du registre des relations avec les familles que sur celui de leur identité. Cet accent mis sur la différence culturelle a trouvé dans l'étude des rapports de genre un angle d'approche privilégié, les unions mixtes étant considérées dans cette optique comme un espace de liberté permettant, notamment aux filles, de s'émanciper des normes et de la morale familiale. Pourtant les filles qui se marient avec un non-musulman sont souvent rejetées par leur famille ; la situation est différente si c'est le fils qui se marie avec une non-musulmane : celle-ci, surtout si elle fait profil bas, ne fait pas l'objet d'un tel ostracisme – du moins, lorsque la mère peut continuer de s'appuyer sur son fils. Le coût de ces mariages est donc parfois lourd, payé d'une rupture avec la communauté d'origine, où couples et enfants font l'objet de suspicion.

Les mariages mixtes sont interprétés comme un facteur d'intégration, tandis que le mariage au sein du groupe est présenté comme signe de repli sur soi, voire de refus de la société d'accueil et de ses valeurs, ou encore comme une union imposée dans une logique d'endogamie et de respect des normes de la société d'origine. Les descendants de l'immigration seraient alors pris dans une « double contrainte » : d'une part, la pression du groupe familial (et/ou communautaire) pour conclure une union endogame ; d'autre part, l'injonction à l'intégration, dont le mariage mixte serait un indicateur. Les enquêtes sociodémographiques et qualitatives montrent cependant un tableau plus nuancé, et mettent en évidence de complexes jeux de négociations et de concessions entre attentes parentales et principe du libre choix du conjoint, largement adopté par les jeunes générations.

En outre, la seule question « culturelle » (pays d'origine, religion, aire culturelle de référence) ne suffit pas à définir la mixité conjugale et à en comprendre les dynamiques, qui tiennent comme ailleurs aux différentes logiques de formation des couples : processus de socialisation, niveau d'études, mode de vie, position professionnelle, engagement politique, etc. À partir d'une enquête auprès de couples dont la personne de référence est issue d'une famille immigrée maghrébine et socialisée en France, on a pu mettre en évidence[8] l'importance des parcours biographiques, résidentiels, familiaux et professionnels des conjoints : plus l'environnement est mixte socialement et culturellement dans ces parcours, plus les personnes auront de chances, au sens statistique, de rencontrer un conjoint d'une origine différente. Ainsi, les unions mixtes concernent plus souvent les femmes les plus diplômées et qualifiées, qui ont plus de probabilités de trouver un conjoint issu de parents français, car la part des hommes d'origine maghrébine occupant une position similaire à la leur est limitée. Ces femmes peuvent ainsi choisir de construire leur vie conjugale à distance des rapports de genre traditionnels. En revanche, les hommes les plus attachés à leur culture familiale recherchent, souvent à travers une médiation familiale, une épouse qui vient du pays d'origine, moins acculturée aux valeurs occidentales : l'endogamie replie alors le couple sur sa culture d'origine.

Ce repli matrimonial s'explique par la combinaison de raisons culturelles – rester dans un entre-soi fondé sur les principes de la proximité culturelle, de la région d'origine ou de la religion – et d'autres purement utilitaires ou contingentes – la régularisation administrative, ou le hasard dans le choix du conjoint.

Une autre enquête, conduite auprès d'une centaine de jeunes d'origine maghrébine, turque et sahélienne, résidant dans les régions parisienne et lyonnaise, fait apparaître les contours d'un « mariage halal » et en dévoile les constructions identitaires Cette expression, utilisée par les jeunes eux-mêmes, souligne la distance qu'ils ont par rapport aux comportements des « Français », jugés trop émancipés ; si elle n'est pas une référence religieuse, elle indique néanmoins que le comportement est licite eu égard aux principes religieux. Les « bricolages culturels » associent aux normes traditionnelles des comportements occidentaux : ainsi les futurs conjoints souhaitent fonder leur union sur le sentiment amoureux, tout en se conformant aux normes de la culture musulmane, notamment en ce qui concerne la virginité des jeunes femmes. Dans les « mariages halal », les rituels empruntent à la fois aux normes de la société d'origine (cérémonie de demande en mariage aux pères) et aux façons de faire majoritaires, intégrant également des formes d'inflation rituelle qui se marquent par le nombre des invités, le port de la robe blanche et de robes traditionnelles, etc. Pour ces mariages, des entreprises se sont spécialisées et il existe des « salons du mariage oriental » qui se tiennent dans les grandes villes.

Prénommer ses enfants

Une autre conséquence du maintien des mariages entre soi se révèle dans l'étude des prénoms donnés aux enfants. Signe du souci de continuer de marquer sa différence, de conserver un lien avec ses origines, on observe même dans la troisième, voire la quatrième génération de descendants d'immigrés des prénoms utilisés dans leurs pays d'origine. Le prénom est un marqueur de choix pour juger du mode d'intégration des nouveaux arrivants dans une société et la plupart des générations d'immigrés en France ont fait le choix de prénoms français, qu'il s'agisse des Polonais, des Italiens, des juifs d'Europe centrale venus entre les deux guerres ou des juifs d'Afrique du Nord arrivés en France après la décolonisation, transformant les Herman en Armand ou Moïse en Maurice, etc. Le prénom sert de mesure de l'assimilation.

Des films comme *Entre les murs* (2008) ont fait clairement apparaître que la question des prénoms est un des lieux où se manifeste la fracture sociale ou religieuse. Dans son ouvrage *Le Peuple à l'écrit*, déjà cité, Nelly Wolf[9] remarque que l'établissement dans lequel se déroule le récit et le film se situe dans un quartier populaire de Paris, dont la population est caractéristique des cités, même s'il n'est pas situé en banlieue, mais « entre les murs » de la capitale (comme entre les murs de l'école), ce qui le situe symboliquement à la périphérie. L'auteure illustre la fracture entre le centre et la périphérie par la question des prénoms : « Les prénoms des professeurs sont rassemblés dans une liste alphabétique : « Bastien, Chantal, Claude, Daniel, Élise, François, Géraldine, Gilles, Jacqueline, Jean-Philippe, Juline, Line, Luc, Léopold, Marie, Rachel, Sylvie, Valérie. » Les prénoms des élèves sont dévoilés par divers procédés pédagogiques ayant une efficacité narrative... On obtient alors une autre liste : Tarik, Mohammed, Amar, Mézut, Souleymane, Dico, Frida, Sandra, Hinda, Ming, Alyssa, Khoumba, Djibril. La confrontation des deux listes est destinée à mettre en lumière une discordance identitaire. »

Une étude menée à partir de l'enquête Trajectoires et Origines (TeO, 2008) conduite par l'INED révèle que le patrimoine onomastique des prénoms français s'est considérablement élargi avec l'arrivée d'immigrés. La diversification des prénoms a été rendue possible lorsque a été levée la règle de l'emploi de prénoms « en usage dans divers calendriers ». En 1986, 80 prénoms couvraient la moitié des naissances ; plus de 200 en 2008. La diversification concerne aussi bien la population d'origine française qu'immigrée. L'enquête a suivi les prénoms donnés sur trois générations par les Européens du Sud et les Africains du Nord. Pour les premiers, l'abandon des prénoms typiques tels que Maria, José ou Antonio – qui sont de fait peu éloignés des prénoms français – s'observe dès la première génération. Cet abandon du prénom d'origine est corrélé au nombre de mariages mixtes. À l'inverse des Espagnols ou des Portugais, et en raison du flux continu d'immigrés, les originaires du Maghreb dont les prénoms sont eux, *a contrario*, très éloignés des prénoms français donnent à leurs enfants pour près des deux tiers des prénoms arabo-musulmans. À la troisième génération, un tiers porte encore un prénom arabo-musulman, dont la proportion croît avec le degré de religiosité. La convergence se met donc beaucoup plus lentement en place que pour les autres communautés d'originaires. Il arrive que les familles choisissent des prénoms nouveaux qui peuvent apparaître plus proches du stock général français, qui lui-même se diversifie considérablement, mais ces inventions, comme Yanis, Rayane ou Lina, sont toutefois rapidement perçues par la population majoritaire comme d'origine maghrébine[10]. Récemment, le prénom d'Emna est ainsi apparu, choisi par des parents qui ne veulent pas un prénom « trop typé », tout en conservant une référence à leur origine religieuse et en s'appuyant sur le prénom français Emma, très en vogue depuis quelque temps[11].

Le choix de Mohamed est un marqueur d'adhésion religieuse, note le politologue Jérôme Fourquet[12] ; celui-ci a diminué à partir des années 1950 pour tomber à 4 % à la fin des années 1990 ; toutefois, cette baisse ne s'est pas poursuivie, signe d'un regain religieux et communautaire. En effet, à partir d'une autre source, celle de l'Insee, il relève que 18 à 19 % des naissances masculines en 2016 ont donné lieu au choix d'un prénom arabo-musulman. Français catholiques, juifs, protestants ou athées, bien évidemment, choisissent moins souvent les prénoms de leurs enfants en référence à une religion que les Français musulmans, pour lesquels ce choix est signe de fidélité à la religion et aux origines.

Pratiquer et transmettre la religion

Si la tendance générale est à la lente et progressive « sortie de la religion » depuis près d'un siècle, tendance affirmée au cours des dernières décennies[13], c'est au contraire une large majorité de musulmans qui se déclarent à la fois croyants et pratiquants réguliers. L'enquête menée auprès de trois générations familiales, déjà évoquée, portant sur un échantillon de familles françaises, donc en grande majorité d'origine catholique, a confirmé le déclin important et continu de la pratique religieuse en l'espace de trois générations, les plus jeunes étant beaucoup plus détachés de la pratique religieuse que leurs parents, eux-mêmes s'en étant déjà éloignés par rapport à leurs propres parents[14]. Ce déclin structurel se produit dans le cadre de formes spécifiques de reproduction, car la pratique religieuse s'acquiert presque exclusivement par héritage familial : les jeunes pratiquants sont à 100 % issus de parents et de grands-parents pratiquants ; à l'inverse, parmi les grands-parents pratiquants, seuls 10 % ont des petits-enfants pratiquants.

La pratique religieuse est plus développée parmi les musulmans que parmi les représentants des autres religions en France. Dans une enquête menée auprès de l'ensemble des immigrés de toutes confessions et de toutes origines, âgés de 45 à 70 ans[15], 60 % des musulmans déclarent ainsi une pratique régulière, 17 % une pratique occasionnelle, 19 % ne pas pratiquer mais avoir un sentiment d'appartenance ; seuls 3 % se disent totalement détachés, n'ayant ni pratique ni sentiment d'appartenance. On reconnaît là la force de l'imprégnation familiale, que l'éducation religieuse soit reçue du côté de la mère ou du père.

Il y a une vingtaine d'années, des chercheurs qui s'intéressaient aux descendants d'immigrés du Maghreb ont formulé l'hypothèse que la croyance en l'islam et sa pratique étaient une « ressource du pauvre », une réponse « au cadre aliénant de la privation économique, de l'enfermement dans la cité et du stigmate[16] ». Cette hypothèse ne rend pas compte du fait que la croyance et la pratique de l'islam se maintiennent dans tous les milieux sociaux, parmi les musulmans des classes moyennes et aisées comme parmi les plus modestes, et ne se limitent pas, loin de là, aux habitants des « cités ». Ainsi, une autre enquête portant sur un large échantillon de lycéens[17] ne révèle aucune différence significative dans le degré de religiosité selon que ceux-ci appartiennent à des milieux privilégiés ou modestes. Les jeunes musulmans interrogés dans cette enquête sont issus de familles de différents milieux, habitant des territoires variés et rarement des « cités ».

Ils sont une des composantes des nombreux descendants d'immigrés venus en France. Après l'importante vague qui a suivi la décolonisation, de nouveaux flux se sont succédé, après la chute de l'Empire soviétique et l'ouverture des frontières. Le XXIe siècle est celui de l'accélération des phénomènes migratoires.

La jeunesse française dont il est question dans ce chapitre participe ainsi pleinement du « creuset français » tel que défini par l'historien Gérard Noiriel[18], retraçant la constitution de la population, au cours des siècles, par les multiples immigrations qui ont fait de la France « l'Amérique de l'Europe ».

CHAPITRE SEPT

Jeunes des « cités »

Les médias ne s'intéressent ni aux trains qui arrivent à l'heure ni à la majorité des descendants d'immigrés bien intégrés et dont les trajectoires de vie témoignent de leur réussite sociale dont il a été question au chapitre précédent. Ont plutôt leur faveur les minorités qui vivent dans des espaces que l'on peine à désigner, des zones considérées comme étant en difficulté – ou dites prioritaires. Les sociologues sont eux-mêmes assez embarrassés dans les études qu'ils conduisent sur ces « jeunes-là », pour reprendre une expression utilisée il y a des décennies par l'ethnologue Colette Pétonnet qui, dans les années 1960, s'intéressait aux populations des bidonvilles[1], car nommer – cités, quartiers difficiles, défavorisés, banlieues –, c'est déjà stigmatiser.

Habiter dans un « quartier difficile » ou une « zone » ou « cité » est devenu en effet au fil du temps une marque identitaire stigmatisante, principalement pour la jeunesse, qui y est surreprésentée démographiquement. Rappelons cependant que si la population de ces espaces urbains est composée d'une majorité de descendants d'immigrés de toutes origines, elle ne représente qu'une faible minorité de l'ensemble des descendants d'immigrés, la plus grande partie de ces derniers habitant les zones urbaines où vit la population majoritaire, Français et immigrés de toutes origines.

S'inspirant des travaux anciens mais toujours d'actualité de Claude Grignon et Jean-Claude Passeron[2], les chercheurs, sociologues, politologues, ethnologues, se sont efforcés d'observer et de comprendre cette jeunesse. On les a parfois accusés de développer ce qu'on a appelé une « culture de l'excuse[3] », en soutien à cette jeunesse, qui consisterait à réduire leurs conduites déviantes aux conséquences mécaniques de la pauvreté et de la discrimination. Sans vouloir verser ni « dans un misérabilisme romanesque et tétanisant ni dans un sensationnalisme outrancier[4] » –, ils s'attachent à repérer un ensemble de parcours différents au sein des « cités ».

Les trois générations des « cités »

Dans l'ouvrage qu'ils ont dirigé, *Filles et garçons des cités d'aujourd'hui*[5], les sociologues Carine Guérandel et Éric Marlière montrent la façon dont le regard sur cette « jeunesse-là » s'est trouvé singulièrement modifié au fil du temps. La génération 1980 est vue comme celle de l'immigration et des « marcheurs », des « beurs » et des « beurettes » politisés, moment d'apparition dans l'espace public des descendants d'immigrés postcoloniaux. Une vision positive lui est alors attachée avec le développement de mouvements associatifs. Depuis, les représentations sont négatives ; la génération de 1990 est vue comme celle de l'insécurité, celle de l'an 2000 comme celle des émeutes ; depuis, et jusqu'à présent, ces jeunes sont perçus comme les habitants de ce qui a été nommé les « territoires perdus de la République[6] », des zones d'insécurité où séviraient racisme, sexisme et antisémitisme.

Dans un texte de référence qui a une vingtaine d'années, Stéphane Beaud et Olivier Masclet comparent les deux moments historiques d'apparition dans l'espace public et dans le discours politique de deux générations d'enfants des cités : « La première, la génération des beurs, massivement composée d'enfants d'Algériens, émerge dans les années 1980 et se cristallise à la faveur de la “Marche pour l'égalité et contre le racisme”. Celle-ci exprime un désir collectif de reconnaissance porté par la fraction de cette génération qui se mobilise socialement et politiquement. Cet événement suscita un grand espoir : celui d'une reconnaissance par la société française, en rupture franche avec le climat raciste et de peur qui régnait alors, avec aussi l'invisibilité et le déni d'existence sociale et politique de leurs parents, traités comme des "travailleurs immigrés"[7]. » La seconde génération, plus hétérogène du point de vue des origines nationales, s'est constituée au cours des années 1990 dans un tout autre contexte sociopolitique, caractérisé par un ensemble de fractures : économiques (exclusion durable du marché du travail ou relégation sur ses marges à travers les emplois aidés) ; urbaines (paupérisation et ghettoïsation des quartiers d'habitat social) ; politiques (déficit durable de représentation politique qui se traduit par un fort abstentionnisme électoral et un rejet croissant de la gauche politique). Ces processus cumulatifs éclairent la manière dont s'est constituée ce qu'on pourrait appeler une "génération de cité", tant les difficultés d'insertion professionnelle et sociale tendent à river ses membres à ce seul univers.

Beaud et Masclet utilisent, comme le font dans leur ouvrage récent Guérandel et Marlière, le terme de « cité » pour souligner le sentiment d'enfermement social et de retrait psychique qui s'est développé dans ces lieux d'habitat. Ils poursuivent : « Le contexte sociopolitique dans lequel cette génération a été socialisée se caractérise par l'appauvrissement socio-économique – chômage et précarité structurelle de l'emploi, déclin des modes d'encadrement traditionnels dans les cités –, le durcissement de la compétition scolaire au détriment des familles les moins dotées en ressources culturelles et la déstabilisation politique – la perte de l'alliance "naturelle" avec la gauche, la fin des grands espoirs collectifs, l'échec des gouvernements successifs (de droite comme de gauche) face à la question du chômage et des inégalités[8]. »

C'est donc un constat d'échec des politiques publiques qui s'impose malgré les moyens financiers considérables mis en œuvre dans de nombreux domaines – urbanistiques, scolaires, sociaux – pour résoudre le problème crucial auquel ces jeunes sont confrontés, le chômage. Pour eux, le plus insupportable est certainement « le sentiment, collectivement vécu, de faire l'objet d'un regard dépréciatif, souvent méprisant, voire raciste de la part de larges fractions de la société française aussi bien que de ses principales institutions (police, administration, justice, etc.) ».

Les sociologues estiment cependant que les deux générations des cités se différencient par leur « capacité collective de réagir au stigmate social qu'ils ont à subir depuis leur enfance : d'un côté, la génération des beurs a pu s'appuyer sur des supports politiques et symboliques pour lutter contre les processus multiples d'exclusion et de dévalorisation dont elle faisait l'objet, et elle a su riposter par une intense mobilisation collective, en lien étroit avec d'autres acteurs et en construisant un mouvement social qui s'est attiré une forte reconnaissance. De l'autre, la génération de cité s'est trouvée largement privée de ses outils de lutte et de défense collectives, si bien que la fraction la plus déshéritée du groupe en a bien souvent été réduite à agir dans la seule logique de la provocation pour, *in fine*, faute d'être entendue, s'exprimer par la violence émeutière[9] ».

Suivant différents paliers, l'engrenage de la délinquance juvénile a été mis en évidence par une équipe composée de praticiens et de chercheurs[10]. Le premier type de délinquance, majoritaire, concerne une petite délinquance, d'une certaine banalité (fraude, vol, bagarre, consommation de cannabis, conduites à risque...) au caractère initiatique, sous l'émulation d'un groupe de pairs. Le deuxième type, très minoritaire, dit pathologique, recouvre des comportements déviants et agressifs. Le troisième type, dit d'exclusion, est la prolongation de la délinquance d'initiation en véritable délinquance au sein de bandes et qui conduit au système pénal, souvent lié à la pauvreté et l'échec scolaire. Comme le montrent les observateurs, les violences urbaines ne se réduisent pas à la délinquance, elles « cristallisent un profond malaise social ». Elles témoignent aussi de l'échec des politiques urbaines à y résorber la pauvreté et le chômage endémique, causes majeures de ce profond malaise. Didier Lapeyronnie[11] assimile, pour sa part, le fonctionnement de ces territoires à celui du

« ghetto ». Des enquêtes qu'il a menées dans ces quartiers ressortent la prégnance du racisme et l'omniprésence de l'antisémitisme, inscrits dans le langage, signalés déjà il y a plus de trente ans : « feuj » (juif en verlan) y est l'insulte la plus banale. Il montre aussi comment le racisme est lié au sexisme : « Les jeunes hommes, dominés par le rapport aux autres et les questions de "race" et d'identité, tendent à désexualiser les femmes du territoire, à leur imposer un contrôle, à mettre en avant leur "vertu" dont ils font un signe de force... et surtout l'affirmation d'une fierté "raciale". Ces territoires s'articulent donc autour des enjeux de race et de genre. »

La troisième génération, celle des vingtenaires français vivant dans ces espaces urbains, a connu une histoire très différente de celle des deux ou trois générations d'immigrés en France qui l'ont précédée, comme sont différents les contextes politiques, sociaux, économiques et culturels dans lesquels elle évolue. Sa situation est moins favorable sous divers aspects si on la compare à celle des grands-parents et aïeux. De plus, contrairement à une certaine similarité des parcours qui ressortent des diverses enquêtes citées, l'hétérogénéité caractérise la jeunesse des cités du point de vue des origines nationales, des trajectoires migratoires et du cycle de vie. S'il faut refuser de les englober tous sous le qualificatif stigmatisant de la « cité », les fractures sociales, politiques, ethniques semblent cependant plus fortes que jamais, notre décennie étant marquée par la montée de la radicalisation vers le djihadisme. Dans cet espace du ghetto, pour reprendre l'expression de Didier Lapeyronnie, les familles sont particulièrement fragiles, en raison de l'existence fréquente d'un écart d'âge entre les époux : les pères sont âgés, souvent absents. Les mères, peu intégrées, sont en première ligne face aux violences de leurs enfants et du milieu ; « mères courage », elles essaient de contrôler leurs excès, tentent de les protéger contre eux-mêmes, comme le montrent certaines séquences des *Misérables*[12], récent film emblématique des cités dont l'action se passe en banlieue parisienne, et hors de l'école, pendant un été chaud au cours duquel traînent les jeunes désœuvrés. Ces femmes sont aussi les premières interlocutrices de l'institution scolaire. Leur situation a été rendue particulièrement visible lors de la pandémie de Covid-19, « premières de cordée » sous-payées, travaillant dans les hôpitaux comme aides-soignantes, dans les Ehpad, les services aux personnes âgées ou comme caissières de supermarchés.

Se sentant mal au sein de familles qui sont souvent des espaces conflictuels, dans des intérieurs domestiques très peuplés, les jeunes se replient alors sur le groupe de pairs dont les plus dominants imposent les codes de comportement et parfois la réponse à l'appel de l'islam. La « cité » est un lieu repoussoir que l'on rêve de quitter pour une maison en banlieue, mais c'est aussi le cocon protecteur au sein duquel on a ses marques et auquel on appartient.

Les enquêtes récentes confirment que la situation contemporaine ne s'est guère améliorée par rapport à celle d'il y a plus de vingt ans[13], si on en juge par les parcours scolaires ponctués d'illusions et de désillusions, les difficultés d'insertion professionnelle, d'accès au logement, les pratiques culturelles et de loisirs moins variées et davantage sexuées, le rapport au politique souvent distancié, etc.

Une nouvelle génération de filles

La nouveauté générationnelle des années 2020, c'est l'émergence de figures féminines. Loin de la « beurette » incarnant le modèle d'intégration des années 1980 ou des jeunes filles des années 2000 qui faisaient parler d'elles à travers les récits de « tournantes » – tel le cas médiatisé de Sohane, brûlée vive en 2002, qui contribua à faire naître l'association Ni putes ni soumises –, les jeunes filles des cités des années 2020 veulent prendre leur destin en main, même si c'est à travers l'expression du voile, se hissant parfois, s'il le faut, au niveau de violence des garçons.

Contrairement d'ailleurs à l'idée de l'invisibilité des femmes dans les années 1980, celles-ci ont eu un rôle particulièrement important, en se saisissant « avec avidité des armes de la culture », notamment grâce à l'émergence d'un théâtre beur où nombre de filles, souvent lycéennes ou étudiantes, se retrouvent et mesurent « la vertu libératrice de la prise de parole et du jeu[14] ».

Pour sa part, la sociologue Catherine Delcroix, dans le cadre d'une étude portant sur les politiques publiques décentralisées s'appuyant sur des travailleurs sociaux et des personnes-ressources, a montré, dès les années 1990, le rôle des femmes prenant l'initiative de jouer un rôle de relais ou de médiation entre les administrations locales et les populations à forte concentration d'immigrés : « Les femmes relais et les médiatrices ne sont pas seulement vectrices d'un dialogue, mais aussi des antennes de quartier capables de détecter des demandes silencieuses au sein de ces populations. Toute l'originalité de leur travail tient au fait qu'elles sont enracinées dans le même espace que le public. Elles vivent les mêmes problèmes tout en possédant en plus un savoir et une capacité d'écoute et d'orientation[15]. »

La nouvelle génération des jeunes filles des cités apprend à résister à la violence des garçons, caractéristique des comportements masculins, comme on peut le voir dans le film déjà cité *Les Misérables*. S'y déroule une guerre latente entre factions hostiles et entre les habitants et les forces de l'ordre. La transmission des valeurs est portée par quelques imams salafistes qui tentent de canaliser la jeunesse. Ce film témoigne de la violence inouïe qui règne au quotidien dans la cité. Plusieurs scènes du film mettent en avant des jeunes filles : comme les garçons, elles mêlent la violence verbale à la violence physique ; comme toute leur génération, entre leurs mains, les réseaux sociaux deviennent une arme au sein de leur groupe, ou pour résister à la violence policière, ainsi que le montre un épisode où une jeune fille filme les injures et violences de l'équipe policière en maraude.

Violences adolescentes

Les problèmes dans les cités ne se réduisent pas aux conduites des jeunes, ils sont aggravés par les conduites adolescentes, dont on peut se demander si elles ne se situent pas en compétition/

imitation des aînés. Observant les affrontements corporels entre garçons et filles dans la cour d'école d'un collège situé en zone sensible, Pauline Beunardeau rapporte plusieurs scènes de violences physiques, d'échanges verbaux dignes d'un ring de boxe entre garçons et filles qui ont entre 13 et 15 ans. Les filles acquièrent des « savoirs pratiques et intuitifs, incorporés sous la forme d'anticipations des conduites masculines et de leurs incidences douloureuses sur leur vie de tous les jours[16] ». Non seulement apprennent-elles des répertoires de lutte, mais aussi le sens de la résistance, de l'intimidation et de la force physique. Si les « styles de résistance » féminins sont divers, « ne pas se laisser faire » apparaît comme un enjeu à la fois individuel et collectif. En cela, et c'est nouveau et soutenu par des politiques publiques, l'encouragement aux pratiques sportives, initialement destiné aux garçons comme alternative à la délinquance et pour les aider à construire leur citoyenneté, s'adresse également aux jeunes filles, le sport féminin étant perçu comme un levier contre une culture considérée comme machiste et aliénante[17]. Cette violence, nouvellement visible, se manifeste dans les collèges alors que les jeunes filles perturbent volontairement l'ordre scolaire, posant de véritables défis aux enseignants et à l'ensemble des acteurs éducatifs[18].

Même si les filles sont très peu représentées dans les statistiques de la délinquance juvénile, en revanche, les désordres scolaires dont elles sont l'auteur sont devenus un « problème social », voire un « problème public », mis en scène médiatiquement. Mais cela témoigne de leur désir d'indépendance.

Avec toutes leurs contradictions, ces « jeunes-là » incarnent donc une des « jeunesses de France ». Pour éviter les jugements englobants et échapper à un choix entre des clichés qui stigmatisent tout autant cette jeunesse – « racaille incivile » ou « victime sociale » –, Fabien Truong[19] lui a donné une épaisseur sociologique en suivant la trajectoire au long de plusieurs années de trois de ses anciens élèves d'un collège au sein duquel il a été enseignant. En dépit de leurs difficultés scolaires ou comportementales, ces jeunes sentent peser sur eux des normes dont leurs aspirations sont le reflet : trouver un travail, fonder une famille, acquérir un pavillon en banlieue.

D'autres vingtenaires appartenant à certaines jeunesses rurales, moins présents dans les médias, connaissent des difficultés semblables à celles des jeunes des « cités ». Selon Benoît Coquart[20], sociologue spécialiste des milieux ruraux, ils appartiennent en grande majorité au milieu populaire et font moins d'études que leurs homologues urbains. On observe par ailleurs une interpénétration entre ces deux espaces : attraction des ruraux vers les villes et migration des urbains vers les espaces ruraux ou périurbains. Les jeunes ruraux sont placés face à un dilemme récurrent, entre partir ou rester vivre et travailler au pays, dans un contexte de mutation de l'économie locale, aussi bien dans l'agriculture que dans l'industrie. Quelques-uns « trouvent dans ces espaces des supports d'identité et s'en disent fiers, voire s'en sentent même pour certains les ambassadeurs », la ruralité étant présentée comme « un cadre de vie idéal dans lequel les jeunes ont envie de s'investir ». Cependant de nouvelles couches de population rurale seraient « touchées par l'exclusion » depuis le début des années 2000, soit des agriculteurs, soit ceux qui n'émigrent pas et restent « chômeurs au pays ». La précarité touche aussi « certains jeunes revenus [dans leur lieu d'origine] après leurs études, sans emploi en milieu urbain », ou des jeunes « sans attaches locales », installés en milieu rural pour « gérer plus facilement leur galère »[21]. Les missions locales d'observation signalent aussi une augmentation de la délinquance et de la toxicomanie qui apparaît relativement comparable à celle des villes dans les départements fortement industriels et ouvriers où le chômage est important.

La coexistence de ces jeunesses signale la grande diversité sociale qui caractérise les vingtenaires dans l'espace national français.

CHAPITRE HUIT

Une génération saisie par le terrorisme ?

Phénomène social majeur de ce début de millénaire, le terrorisme est ressenti comme un marqueur de leur génération par une partie des jeunes qui ont répondu à notre questionnaire. Jamais avant eux ne s'était exprimée la conscience d'une telle menace. Les précédentes flambées d'actes de violence, comme celles des Brigades rouges, qui revendiquaient un terrorisme politique, n'avaient pas suscité autant d'inquiétudes. C'est au XXIe siècle, à partir du 11 septembre 2001, que le terrorisme est devenu une menace planétaire, voire une nouvelle forme de conflit mondial.

Le terrorisme islamiste, un phénomène mondialisé

Une vaste enquête de Fondapol[1] a recensé les actes terroristes accomplis par des organisations ou des individus se réclamant de l'islamisme. Devenu la cause principale du terrorisme dans le monde, on lui attribue 63 % de l'ensemble des actes terroristes de tous ordres, sur la base d'une étude complète des quarante ans d'attaques islamistes perpétrées sur toute la planète.

L'islamisme y est défini comme « une tendance qui consiste à exiger l'application stricte des prescriptions de la loi religieuse ou *charia* dont il considère que certaines avaient été abandonnées, de même que les principes de la foi, par divers gouvernements modernes des pays musulmans, notamment sous l'influence des pays européens, des idéologies occidentales et des mouvements réformistes[2] ». Les défenseurs d'une telle conception de l'islam, les « islamistes », prônent le *djihad,* c'est-à-dire le combat, l'engagement actif par différents moyens, dont fait partie la violence terroriste dans leur propre pays contre les « mauvais » musulmans et les gouvernants « corrompus » de manière à instaurer, si besoin est, un État purement islamique. De façon plus générale, ils combattent les valeurs séculières qui dominent le monde non musulman.

Pour définir l'islamisme, certains chercheurs, constatant qu'il n'existe pas de définition universellement acceptée, le caractérisent comme une idéologie selon laquelle l'islam n'est pas seulement une religion mais aussi un système sociopolitique holistique ; la charia (islamique) doit devenir la loi de l'État ; il existe une communauté musulmane transnationale, l'*oumma*, qui doit s'unir pour former un bloc politique ; il faut instaurer un État « islamique », ou califat, au sein duquel le pouvoir souverain appartiendra à Dieu.

Partant de ces définitions, l'enquête de Fondapol a recensé 33 769 attentats islamistes ayant provoqué la mort d'au moins 167 096 personnes entre 1979 et 2019, tout en précisant que ce sont des chiffres bien en dessous de la réalité compte tenu des difficultés à accéder aux données. Le calcul du nombre de blessés n'est pas inclus ici. Selon les enquêteurs il est généralement supérieur au nombre de morts, et un certain nombre de blessés ne survivent pas à court ou moyen terme[3]. La plus grande partie des victimes du terrorisme islamiste à travers le monde sont des musulmans (82 %).

Les jeunes Français et le djihad

En Europe, la France est le pays le plus touché par le terrorisme, les jeunes Français ayant été les plus nombreux à rejoindre les rangs de l'État islamique en Syrie. On évalue à environ 2 000 le nombre de citoyens français engagés dans le djihad, soit 40 % des Européens impliqués. En trois décennies, certains jeunes dans nombre de banlieues sont passés du communisme à l'islam, voire à l'islamisme et au djihadisme[4].

Pour le politologue Farad Kosrokhavar, spécialiste des radicalisations, le djihadisme est directement lié à la question sociale, ainsi qu'à la question identitaire chez des jeunes des classes moyennes occidentales, d'origine musulmane ou convertis. Il observe que dans la quasi-totalité des pays européens, les départs en Syrie se concentrent dans certaines zones urbaines, qu'il qualifie de « quartiers djihadogènes », de composition sociale variée, incluant des zones urbaines enclavées et pauvres ou des « quartiers des classes moyennes, au cœur des villes, qui ont produit des djihadistes notamment en raison des réseaux sociaux, du copinage, de la présence d'un recruteur charismatique[5] ». Les jeunes en déshérence sont la proie des recruteurs. En témoigne aussi Régis Pierret : selon ce sociologue, nombre des radicalisés passés par l'Aide à l'enfance (ASE) ont été fragilisés par l'arrêt des prises en charge par l'État dès l'âge de leur majorité[6].

Dans une enquête approfondie conduite dans des territoires urbains dits périphériques, un autre sociologue, Bernard Rougier[7], révèle les stratégies de conquête de la part d'entrepreneurs religieux qui prennent le pouvoir sur l'islam et s'efforcent d'enrôler les catégories les plus vulnérables de la société. Un complexe, écrit-il, une frustration liée à la difficulté de l'intégration économique, à la couleur de peau ou à toute fragilité, peuvent faire l'objet d'un travail de resocialisation religieuse. En France et aussi en Europe, des lieux qui comportent des friches industrielles, où les solidarités anciennes ne jouent plus, deviennent des terrains de chasse privilégiés pour ces entrepreneurs religieux : ils visent à créer un collectif musulman et penser la société française dans un rapport d'hostilité systématique. Il observe que dans la plupart des communes d'Île-de-France, tout comme au Mirail, banlieue de Toulouse, ou à Roubaix, on retrouve les mêmes caractéristiques : la mosquée, la librairie islamique (où on ne peut pas trouver des livres non salafistes), la sandwicherie halal, la salle des sports. Ces lieux emblématiques sont mis en résonance pour créer une identification collective en rupture avec la société. La sociabilité est irriguée par des réseaux religieux qui diffusent des visions du monde, multiplient les rappels religieux pour que le quartier reste sous l'emprise de la norme religieuse et respecte les catégories du pur et de l'impur.

Une fois encore, le film *Les Misérables* montre bien que face à des jeunes à la dérive, et livrés à la loi du groupe des pairs, c'est seulement auprès de l'imam local qu'ils vont trouver un rappel de valeurs collectives, celles de l'islam. Dans ces espaces, les femmes doivent porter le foulard, s'interdire de fréquenter les cafés ; les hommes ne doivent pas prendre de douche dénudés dans les vestiaires, serrer la main d'une femme ; hommes et femmes ne doivent pas avoir d'amis juifs ou chrétiens.

Les tenants de ces réseaux islamistes, sans être en accord avec les politiques de pays musulmans dont sont originaires les immigrés en France (ainsi, l'interdiction de la confrérie des Frères musulmans dans certains pays du Proche-Orient contraste avec leur présence importante dans les réseaux islamistes en France), partagent néanmoins avec les régimes autoritaires la crainte que les musulmans ne s'intègrent réellement en France. Comme l'analyse encore Bernard Rougier, « le risque pour eux [ces pays autoritaires] est de voir les musulmans [de France] devenir une classe moyenne capable de s'opposer aux régimes non démocratiques. C'est pour cela que ces populations sont enfermées dans l'altérité, invitées à ne pas développer un islam privatisé et individualiste[8] ». En effet, le développement d'un islam libéral, réformiste, tel qu'il se dessine parmi nombre de musulmans de France et d'Europe pourrait s'imposer et influencer l'ensemble du monde musulman contre les formes archaïques et rigoristes qui dominent dans la plupart des pays musulmans d'Orient et d'Afrique. L'expansion de ces réseaux islamistes ne se réduit pas aux zones d'habitat déjà conquises et a l'ambition de pénétrer dans tous les lieux de pouvoir institutionnel. On a pu constater, en effet, son infiltration au sein même de la Police nationale et des services secrets, révélée par l'attentat à la préfecture de police de Paris d'octobre 2019. Rougier remarque aussi que certains islamistes recommandent aux étudiants de s'inscrire dans des doctorats de sciences sociales pour infiltrer l'université : les incidents et troubles renouvelés que l'on observe dans de nombreuses universités françaises en montrent certains effets, notamment à travers des actes de censure d'opinions qui leur sont défavorables (voir chapitre neuf).

Hugo Micheron, politologue et arabisant, a mené à la fois dans les prisons et dans certains quartiers une enquête de plusieurs années sur des djihadistes en Syrie et en France[9]. Il montre comment ce phénomène se construit dans le temps et dans l'espace. Des réseaux islamistes ont été installés bien avant les attentats, s'efforçant de banaliser leur présence en montant des associations loi 1901 et des écoles privées hors contrat, investissant différents quartiers et aussi des zones rurales, dans des enclaves territoriales qui ne se superposent pas nécessairement aux banlieues. Les membres du GIA algérien réfugié à Toulouse ont joué un rôle important, y poursuivant leur entreprise de prédication.

La ville de Trappes a été ainsi très concernée, avec 92 départs pour le djihad, alors que des villes voisines, avec des caractéristiques semblables, n'ont pas connu le même phénomène. Dans certains cas, des éducateurs sociaux, des militants associatifs ou des responsables de mosquée très impliqués socialement réussissent à empêcher des jeunes de partir en Syrie.

C'est dans ce contexte que l'on découvre que ces Français radicalisés appartiennent pour la plupart à la génération des vingtenaires. L'enquête d'Hugo Micheron dessine une sociographie de ces jeunes radicalisés : la plupart ont moins de 28 ans ; la proportion des femmes engagées est très importante, soit un tiers de femmes venant de France dans les rangs de Daech. Ils et elles ne sont pas les enfants des classes les plus défavorisées, car 40 % de ces jeunes seraient issus de la classe moyenne. L'embrigadement qui passe également par les réseaux sociaux touche aussi bien des jeunes en déshérence, des délinquants de quartiers populaires que des jeunes apparemment intégrés. Il n'y a pas de profil type. En quoi et comment une telle idéologie peut-elle susciter l'adhésion de « jeunes nés en France, ayant suivi toute leur scolarité dans notre pays, dont les parents sont, pour la plupart, parfaitement intégrés à la société française, qui répondent aux appels de Daech et partent faire le djihad dans les pays du Proche-Orient ou bien fomentent des attentats terroristes sur notre sol[10] ? » se demande un politiste. La majorité est originaire de familles musulmanes, mais généralement non radicales ; d'autres se sont convertis à l'islam. Bernard Rougier observe une rupture générationnelle en matière d'observance religieuse : les parents sont considérés par leurs enfants comme non-musulmans, athées, dès lors qu'ils n'adhèrent pas aux croyances salafistes. De même que des jeunes se révoltent contre leurs parents au nom de leur engagement pour la lutte contre le réchauffement climatique ou la souffrance animale, les jeunes récemment convertis reprochent à leurs parents la tiédeur de leur engagement religieux.

La socialisation ne se fait plus dans la transmission familiale – pères absents, mères débordées ou impuissantes – mais au sein du groupe de pairs, ou groupe primaire : amis de classe, du quartier, du sport… Les petits terrains de basket, qui n'ont pas été contrôlés par la Fédération, ont été un lieu majeur de diffusion. Tous les lieux où se forme du collectif sont stratégiques et ont été identifiés comme tels par des islamistes ayant déjà l'expérience acquise dans les pays du sud de la Méditerranée. L'apprentissage de l'arabe joue aussi, comme langue de la vérité religieuse, avec des manuels souvent saoudiens qui aboutissent à ce qu'on parle le langage de l'autre pour se dire soi-même. Pour se faire des amis, pour appartenir à un groupe, il faut observer sa norme[11].

Rappelons que dans « l'affaire Mila », dont il a été question dans un autre chapitre, 59 % des jeunes soutiennent les harceleurs et se prononcent pour l'interdiction du blasphème, malgré leur condamnation sans ambiguïté de la part du président de la Fédération de l'islam de France, Ghaleb Bencheikh, pour qui « la liberté d'expression et d'opinion est un droit absolu dans notre pays, elle ne souffre aucune tergiversation. Menacer une personne de mort est extrêmement grave, en particulier lorsqu'il s'agit d'une mineure[12] ». De même, l'essayiste et chroniqueuse Céline Pina[13] s'inquiète : l'affaire Mila nous parle de la fin de notre République. En croyant en appeler au « respect », ces jeunes, en majorité, cautionnent les menaces de mort à l'encontre d'une adolescente, alors qu'elle a fait usage, certes en termes grossiers, de sa liberté d'expression et que ses paroles n'ont pas été reconnues comme contraires à la loi.

Séduction amoureuse pour les filles, rites de virilité pour les garçons ?

La conversion à l'extrémisme correspondrait à l'aspiration à disposer de cadres rigides et rassurants en ce qu'ils ne laissent aucune place au doute et à l'autonomie, pour se diriger dans la vie : ne plus questionner l'avenir, avoir des certitudes sans remise en question, suivre un groupe, se retrouver dans un ensemble solidaire et autoritaire qui rassure sur les choix de vie et de mort, pour rompre avec la solitude ou trouver des parents autoritaires de substitution.

Les ressorts du succès de l'embrigadement des jeunes diffèrent selon qu'il concerne des jeunes filles ou des jeunes garçons. Pour elles, la séduction passe notamment par l'amour pour un petit ami recruteur. C'est ce que montrent les témoignages recueillis auprès de familles d'enfants victimes de ces recruteurs présentés dans une émission de France Culture, « Ma fille sous influence ». Cette émission nous conduit notamment dans la commune de Trappes où une centaine de jeunes ont rejoint Daech en 2014, où ils ont souvent trouvé la mort. Un réseau s'y est formé pour les recruter, véritable « toile d'araignée », selon l'expression de la mère d'une jeune fille qui a été embrigadée : la mosquée salafiste, une librairie spécialisée dans une certaine littérature islamiste, un kebab avec un personnel de la même mouvance étaient liés et se coordonnaient pour amener les jeunes à les rejoindre. Le témoignage de la mère d'Emma, une adolescente bien intégrée à l'école, offre un exemple de ces dérives. Appartenant à une famille de la classe moyenne, Emma a reçu une éducation ouverte et libérale donnée par des parents aimants, professant les idées de 68, accordant confiance et liberté à leurs enfants. Résolument athées, après avoir rejeté l'éducation catholique de leur enfance, ces parents ont respecté le choix de leur fille de devenir musulmane rigoriste, sous l'influence de son petit ami, membre assidu de la mosquée. Confiants, voire naïfs, ils n'ont pas vu que leur fille était « sous influence » et dissimulait un projet de départ pour la Syrie et de mariage clandestin avec son copain dont elle était enceinte.

L'histoire de la famille Clain[14] révèle comment la séduction par un homme radicalisé d'une jeune femme de famille catholique, originaire de la Réunion, Anne-Diana, et leur mariage ont entraîné la conversion à l'islam et la radicalisation de toute la famille. Ce qui apparaît comme le « clan Clain » a vu naître, si on inclut une tante mariée à un musulman, « trois générations de djihadistes par le biais d'une succession de mariages arrangés ». Les frères d'Anne-Diana, Jean-Michel et Fabien Clain, convertis à sa suite, deviendront la voix de Daech en revendiquant les attentats de Paris. Autour des frères Clain, une dizaine d'individus font venir à Toulouse des prédicateurs de Belgique ou du Caire. Les quartiers du Grand Mirail et des Izards à Toulouse, dont ils sont issus, illustrent le phénomène que Farhad Khosrokhavar a qualifié de « djihadogène » ; ces quartiers qui ont produit aussi les frères Merah, dont le tueur Mohammed, assassin en 2012 d'un enseignant et de deux jeunes enfants de l'école juive de Toulouse et de trois jeunes militaires, musulmans, à Montauban.

Sous d'autres profils, on trouve aussi des jeunes filles désocialisées, ou ayant été victimes d'abus sexuels. Dans son documentaire

Revenantes[15], Marion Stalens filme plusieurs jeunes femmes revenues de Daech, et cherche à comprendre comment elles ont pu adhérer à l'idéologie djihadiste et ce qui les a poussées à s'en sortir. Enquêtant dans la prison de Fleury-Mérogis, elle révèle : « Ces femmes sont souvent en colère contre l'instrumentalisation de leur corps dans notre société. L'un des points communs, peu raconté et qui éclaire cette colère, c'est qu'elles viennent souvent de familles très conflictuelles. L'immense majorité de celles qui sont incarcérées ont été victimes d'abus sexuels dans l'enfance ou la jeunesse. »

Ces parcours meurtris poussent certaines femmes à envisager le djihad. Pour Zohra Harrach N'Diaye[16] « la question de l'atteinte au corps revient beaucoup chez les filles. Des gamines qui, à 16 ans, "tournent" dans des chambres d'hôtel, c'est terrible. Elles peuvent revivre le même mécanisme en zone de conflit, avec des types qui parlent de Dieu, mais les réduisent à néant. Dans les quartiers, certaines jeunes femmes ont, comme on dit, "tourné", elles ont cette réputation. Alors, lorsque certains viennent leur promettre l'expiation, la pureté, la purification, elles veulent y croire ».

S'absoudre, se purifier, retrouver une dignité blessée, devenir des héroïnes aux yeux de Dieu : tels sont les messages au cœur de la propagande de l'organisation État islamique destinée aux jeunes filles. Nombre de celles qui ont rejoint l'organisation terroriste étaient en quête d'un mariage « sacré et éternel », ce qu'elles considéraient ne pas pouvoir trouver dans notre société. Elles cherchaient l'absolu à l'image des grandes saintes, telle Thérèse d'Avila, ou se sont retrouvées embrigadées, comme l'ont été, par la doctrine chrétienne, des générations de jeunes femmes devenues des nonnes strictement voilées – à la différence que celles-ci ne cherchaient pas à assassiner les chrétiens tièdes, sauf en temps d'inquisition ou de chasse aux sorcières…

Selon Amélie Chelly[17], spécialiste des islams idéologiques, il existe « un hiatus : le martèlement de l'image d'un bonheur à deux n'est plus compatible avec la société de consommation ». Ces jeunes femmes en quête de stabilité recherchent alors à « sacraliser la volonté d'Allah », analyse la chercheuse, avant d'ajouter que, pour elles, « ce qui va faire du mariage une institution sacrée n'est pas l'amour, mais la reproduction, et de là, le fait de construire l'*oumma* par le ventre ». Quand le réel n'a plus de sens, ces personnes perdues cherchent l'au-delà. « Le sacré est peut-être convoqué comme une sorte de médicament ultime, tant ce qui est vécu est intolérable », lance la directrice de l'association Sauvegarde 93[18]. Dans la propagande de Daech, cette dimension spirituelle s'opère par le *djihad* : les femmes l'accomplissent par la reproduction, les hommes par le sacrifice de leur vie au combat. Dans les deux cas, l'organisation État islamique leur promet de racheter leur passé à travers l'obéissance à Dieu. Et la promesse d'un riant au-delà.

Auprès des jeunes hommes, le djihadisme peut séduire en tant que rite de virilité, selon David Le Breton : « L'une des sources de recrutement tient dans cette quête éperdue de signification à son existence et d'une reconnaissance par les autres, ici la *oumma* fantasmée et le groupe d'affiliation, et par un rite de virilité grâce au maniement des armes et à la puissance du groupe [...]. Rançon de l'individualisation du lien social, l'individu est souvent hanté par un souci de reconnaissance qui lui manque [...]. Tuer est une manière d'exister de manière grandiose et d'entrer enfin par effraction à la reconnaissance sociale[19]. »

Selon le sociologue Fabien Truong[20], la culture masculine de la violence conduit vers l'islam soit pour une pacification à l'égard de soi-même, soit suivant une conception guerrière, dans le radicalisme. Il analyse les deux chemins par lesquels on devient musulman : selon l'un, majoritaire, la religion permet d'aller vers une paix intérieure ; selon l'autre, minoritaire mais plus visible, la religion nourrit une vision guerrière et belliqueuse de la vie. Le problème de la violence est donc central. De son exposition durable et prolongée dans laquelle les jeunes hommes se construisent, on ne sort jamais indemne. Elle conduit au développement de « loyautés radicales », association de mots pour désigner la force des liens d'attachement partagés dans les difficultés, avec les amis, le quartier, les solidarités, la fidélité à ses origines, à ses amis, et aussi le refus de trahir.

On ne peut comprendre la conversion d'une partie de la jeunesse à de telles idéologies radicales que dans la conjonction de deux évolutions : d'un côté, le vaste mouvement international de propagande d'une idéologie pernicieuse amplifiée par l'action d'actives organisations prosélytes – prédicateurs, prêcheurs[21] et recruteurs – relayées par l'usage habile des réseaux sociaux ; de l'autre, la réceptivité d'une minorité de jeunes, en quête de sens. Olivier Roy y voit une « révolte générationnelle[22] ». En cause : le vide laissé par l'individualisation et l'exigence d'autonomie ? La carence dans la transmission intergénérationnelle ?

La tentation radicale

La tendance à adhérer à des idées « radicales » est-elle exceptionnelle, minoritaire ou, au contraire, caractéristique d'une partie de la jeunesse actuelle en France ? Pour répondre à cette question, les sociologues et politistes Olivier Galland et Anne Muxel ont conduit une vaste enquête nationale auprès de lycéens, âgés de 15 à 17 ans, afin de mieux connaître et évaluer cette tendance à la radicalité chez les jeunes et à en isoler les ressorts[23]. La notion de radicalité est traitée selon trois grandes dimensions, pas nécessairement associées : la radicalité politique, la radicalité religieuse et la radicalité informationnelle.

Dans sa dimension politique, écrivent-ils, « la radicalité suppose une posture de contestation profonde et de rupture, elle autorise la transgression, jusqu'à l'ultime recours à la violence et sa justification. Enfin, elle a pour terreau une certaine "extrémisation" de la pensée et des grilles d'interprétation du monde environnant[24] ». Bien qu'elle puisse concerner toute religion, la radicalité religieuse, ici observée au prisme de la religion musulmane, comporte « un versant idéologique, le fondamentalisme religieux, et un versant "en actes", qui peut être directement violent et se traduire par des actes terroristes[25] ». Le fondamentalisme se distingue de l'orthodoxie, qui relève de principes traditionnels tandis qu'il est une « vue hautement politisée de la tradition, avec une prétention à l'universalité et une faible aversion pour l'usage de la violence au nom de la foi[26] ».

Dans cette enquête, la tendance à la radicalité religieuse est explorée pour les religions chrétienne et musulmane, les plus représentées numériquement dans la population[27]. Le choix d'observer plus particulièrement l'islam est légitimé à la fois par sa forte représentation numérique en France et par l'histoire récente marquée par les attentats islamistes et l'expansion du djihadisme. Les deux chercheurs font apparaître des prédispositions à la radicalité religieuse minoritaires mais plus prononcées parmi les jeunes musulmans[28] et caractérisées par une « tolérance à la violence ». L'enquête ne fait que souligner des tendances, ce qui exclut toute conclusion quant à d'éventuelles possibilités de passage à l'acte ; la radicalité informationnelle est repérée « à la croisée de quatre dimensions : défiance globale envers les médias, usages des nouveaux médias, adhésion aux théories du complot (plus fréquente parmi les jeunes que dans l'ensemble de la population), et participation à la diffusion des vidéos de Daech[29] ». Cette radicalité s'avère être corrélée aux radicalités politique et religieuse et la mise en évidence de cette déviance paraît d'autant plus pertinente que cette génération est plus exposée que les générations précédentes à l'information puisée dans les réseaux sociaux.

Pour sa part, le socio-anthropologue de l'adolescence Jocelyn Lachance montre la puissance du « terrorisme en images », entre deux leurres qui contribuent à « la contamination de l'imaginaire collectif : ceux pour qui l'image montre tout et ceux pour qui l'image explique tout ». Les adolescents confrontés en solitaire aux images tombent plus facilement dans ce double piège. Les propagandes exploitent cette double fragilité et produisent des discours sur les images qui canalisent les émotions au service de leur cause, comme le fait Daech, pour qui les images sont devenues l'« arme principale pour se réapproprier le monopole du discours[30] ».

En résumé, l'enquête auprès des lycéens conduite par Galland et Muxel révèle une tendance latente à la radicalité parmi une minorité significative de jeunes, tendance pouvant s'associer à des formes de tolérance à la violence et à la délinquance. Si on peut y voir un trait générationnel, il faut en rechercher l'origine dans le contexte plus large de la société contemporaine. Serait-ce une réaction à la crise de sens, à ce que Cornelius Castoriadis décrit comme la « montée de l'insignifiance », ou la crise de la signification imaginaire de la société[31] ? « Que les citoyens soient sans boussole c'est certain, mais cela tient précisément à ce délabrement, à cette décomposition, à cette usure sans précédent des significations imaginaires sociales… à l'évanescence presque complète des valeurs de l'Occident moderne : le projet d'autonomie. »

Pour comprendre la dimension religieuse de ce qu'on appelle désormais, faute de terme plus adapté, la « radicalité », il est utile de se référer à l'analyse que fait le grand sociologue Émile Durkheim[32] de la croyance religieuse comme système de forces : « Une mise en œuvre de forces *sui generis* qui élèvent l'individu au-dessus de lui-même, qui le transportent dans un autre milieu que celui où s'écoule son existence profane et qui le font vivre d'une vie très différente, plus haute et plus intense. Le croyant n'est pas seulement un homme qui voit, qui sait des choses que l'incroyant ignore : c'est un homme *qui peut davantage* [souligné par Durkheim]. La source de ce pouvoir est dans les *forces collectives* [qui élèvent] l'individu au-dessus de lui-même[33]. »

L'engagement religieux d'une partie de la jeunesse a été ainsi instrumentalisé par des réseaux islamistes qui se sont développés dans différentes cités et communes à travers la France et y exercent leur influence. Comme le dit encore Hugo Micheron, si le territoire physique de Daech a été détruit, son territoire idéologique, lui, ne l'a pas été. Des nombreux entretiens qu'il a pu avoir avec des djihadistes dans les prisons, il ressort que ceux-ci pensent à poursuivre leur combat en « éduquant » des milliers de jeunes pour assurer la relève de demain.

CHAPITRE NEUF

Une génération sans concession

Le terrorisme n'est pas la seule violence que les jeunes infligent parfois à notre société. Dans leurs opinions, ils se montrent souvent intransigeants, sans concession, assurés que leur position est la seule et unique. Même au temps des contestations de 1968, les débats étaient plus ouverts et la parole de l'autre écoutée. Cette violence se manifeste dans l'interdiction de la parole, le harcèlement sur les réseaux sociaux des coupables de ne pas être d'accord, les vociférations d'un tribunal populaire. Mouvements écologistes, LGBTQ+, contestations scolaires qui frôlent l'émeute, manifestations contre le viol, etc. en multiplient les exemples. Parfois c'est au nom de la diversité ethnique et de revendications communautaires que des jeunes agissent ou, au contraire, au titre du rejet de cette diversité, comme le montre le mouvement d'extrême droite Génération identitaire. Ils et elles s'expriment donc en vertu d'une certaine conception du multiculturalisme. Nous en trouvons l'écho dans les réponses des étudiants à notre propre enquête. Ils et elles s'opposent à la fois à l'universalisme et à l'égalitarisme, le premier accusé d'être aveugle aux différences raciales et le second d'être abstrait et de méconnaître les inégalités réelles. Dans ce contexte, ce sont les valeurs républicaines qui se trouvent contestées. Comme l'analyse la philosophe Stéphanie Roza[1], l'héritage des Lumières est ainsi attaqué non seulement par une certaine pensée de droite qui lui est toujours hostile, mais aussi et surtout par les courants de gauche qui en avaient fait leur étendard.

C'est principalement au sein des universités que se développent ces courants de pensée, sous l'influence notamment des *cultural studies* et des *decolonial studies* américaines. Elles sont un terrain d'autant plus propice à la pénétration de ces courants qu'elles sont elles-mêmes en crise, perméables à la diffusion d'idéologies contradictoires, facilitées par la mondialisation. Comme le dit le philosophe du droit Charles Coutel[2], « c'est la régression de l'universel vers le mondial ».

Des mémoires déformées et des universités sous influence

Les universités françaises sont désormais des universités de masse, ouvertes aux titulaires du baccalauréat sans sélection ; elles comportent une grande variété de filières de l'enseignement supérieur, ce qui serait un avantage s'il existait des procédures d'orientation mieux adaptées aux besoins des étudiants et du monde du travail. D'une université à l'autre, par ailleurs, existent des différences de niveau, en termes de qualité et de performance, mais dans l'ensemble on déplore un important taux d'échec : en deuxième année, 34 % des étudiants disent éprouver un manque d'intérêt pour les études, 23 % des difficultés à les poursuivre ; 20 % des étudiants qui ont entamé des études supérieures quittent l'enseignement sans diplôme ; 17 % sont au chômage trois ans après leur sortie des études.

Lieux d'expression de la diversité de la jeunesse, avec ses performances, ses ratés et ses antagonismes, les universités sont perméables aux influences mondiales, avec plus ou moins de capacités de critique et de résistance. Le champ des *cultural studies*, développé de longue date aux États-Unis, a pénétré tardivement mais en force en France. Rappelons que ce courant des sciences sociales qui a acquis une reconnaissance universitaire est axé sur les cultures populaires et la valorisation des « cultures dominées », face aux cultures dominantes des pays qualifiés d'impérialistes. Plus récent, mais assez proche, le champ des *postcolonial studies* diffuse une vision culturelle et historique basée sur une critique virulente d'un Occident assimilé au colonialisme, dans l'esprit du tiers-mondisme auquel il est lié. Certains de nos jeunes, à l'université, se sont faits le porte-drapeau souvent radical de telles positions, opposant aux arguments contraires un refus d'entendre ou, pour paraphraser l'écrivain Pierre Pachet, construisant une « muraille d'opinions prématurément durcies[3] », de sorte que les universités françaises sont désormais le théâtre de censures à répétition.

Nos vingtenaires n'ont pas connu les temps de la colonisation, leurs parents non plus (ou dans leur petite enfance), mais ils se sentent investis de cette mémoire. Toute mémoire peut être sujette à des déformations, voire à des pathologies, un risque contre lequel le philosophe Paul Ricœur[4] a mis en garde, en insistant sur la « juste mémoire », qui articule histoire et mémoire, évite l'amnésie, les formes d'*acting-out* où la violence répétée et continuée remplace le travail de mémoire. Ricœur insiste sur la nécessité pour chaque génération de réinterpréter les traces du passé et sur la dimension narrative, qui permet de reconfigurer le passé et les mémoires, tant individuelles que collectives. Comme l'analyse le philosophe Olivier Abel, « la mémoire n'est pas le pur passé, mais adopte des formes langagières et narratives, et l'on peut avec Walter Benjamin évoquer la vertu thérapeutique du récit[5] ».

Il est légitime de repenser aujourd'hui le travail de mémoire sur la colonisation de façon à « transformer le ressentiment », comme le dit Hannah Arendt, car il semble imprégner fortement la mouvance décoloniale actuelle. Ainsi, l'histoire de l'Algérie contemporaine doit être située dans une longue période et ne pas être réduite à la présence française, qui n'a duré que quatre à cinq générations. L'historien Benjamin Stora met en garde contre un double écueil : faire dépendre son histoire de la période coloniale et la réduire à sa phase finale, la guerre de 1954 à 1962. Enseigner cette histoire replacée dans le temps long et en promouvoir un récit plus objectif et apaisé permettrait, espère-t-il, de réduire, sinon de supprimer, la rancœur qui imprègne la mémoire du rapport entre l'Algérie et la France[6]. C'est en effet une forte animosité qui marque la pensée décoloniale et qui en fait une idéologie dangereuse. Alors que le mouvement algérien contestataire de la *hijra* est lui-même porteur d'un regard distancié sur les événements de la colonisation, les jeunes Français descendants d'Algériens estiment continuer de subir les stigmates d'événements qui ont plus de soixante ans. De même, parmi les originaires d'Afrique subsaharienne, sans aucune distance critique, colonialisme et esclavage sont associés à l'Occident. Comme l'écrit Marc Ferro, « tout se passe comme si, après s'être attribué le monopole de la civilisation et de ses valeurs [...], l'Occident était porté à s'attribuer (par mauvaise conscience) un second monopole, celui du racisme et de ses fruits anémiques, l'ethnocentrisme et ses stéréotypes ». L'historien en conclut à la « nécessité d'une confrontation systématique de la vision que chaque société a de sa propre histoire[7] ».

Des mouvements identitaires opposés qui se rejoignent dans leur opposition à l'universalisme républicain

La notion de race, que l'on pensait disparue en France depuis la chute du nazisme, est demeurée omniprésente dans la culture nord-américaine. Elle a récemment pénétré les universités françaises avec les thèses culturalistes qui, tout en se présentant comme une défense des minorités, professent des idées identitaires qui en deviennent véritablement racistes. Sensiblement différentes des études dites « postcoloniales », les thèses décoloniales gagnent du terrain dans le milieu universitaire, dans le monde des arts, de la culture et au-delà, y compris dans des médias. Défendant l'idée que les conséquences coloniales sont partout présentes dans la société, elles sont notamment défendues par le PIR, le Parti des indigènes de la République, fondé en 2005, pour l'affirmation et la défense des immigrés arabes, noirs, musulmans et leurs descendants. Porté par une auteure pasionaria sans nuances, le livre *Les Blancs, les Juifs et nous*[8] se présente comme un « brûlot odieux contre la blanchité dominatrice » et « furieusement antisioniste » tout en se défendant d'être antisémite[9].

L'extension des thèses décoloniales a donné matière à des affrontements inédits entre des groupes qui s'affirment « racialisés » ou « racisés » et ceux qui se trouvent renvoyés à une identité baptisée « blanchité » – traduction du terme anglo-américain *whiteness* – ou encore « condition blanche » – en écho à la « condition noire » étudiée par Pap Ndiaye[10], un brillant chercheur français, spécialiste des *Black studies*.

Une nouvelle notion, la non-mixité, caractérise aujourd'hui certaines manifestations académiques, certains séminaires, voire certains modules de programmes d'enseignement, qui sont interdits aux personnes considérées comme « blanches ». Forme inédite d'apartheid, la non-mixité renverse les procédures d'exclusion sur critère racial, promeut une forme de racisme « à l'envers » qui serait légitimée par la lutte contre le racisme. Paradoxalement, malgré (et sans doute en raison de) l'obsession racialiste, et sous l'étendard de luttes antiracistes, les universités sont le théâtre de nombreux incidents racistes et antisémites. Leur importance est devenue si inquiétante qu'il a fallu instituer des référents chargés d'alerter sur les actes racistes et antisémites, d'en rendre compte dans l'objectif de les prévenir et les combattre. Des luttes internes se développent avec pour enjeu la prise de pouvoir sur la pensée académique elle-même – et en conséquence sur les postes et les budgets universitaires. Ces combats idéologiques vont jusqu'aux velléités de révisionnisme de la philosophie, de la littérature, de l'art, des sciences sociales, à l'aune du « politiquement correct ». Comme le montre le sociologue Manuel Boucher, deux positions extrêmes s'opposent ici, tout en récusant, chacune à sa manière, l'universalisme : on trouve en effet « d'un côté, au nom d'un antiracisme dit politique, sacralisant les différences ethnoraciales des ex-colonisés, des activistes décoloniaux qui remettent en question l'antiracisme universaliste dénoncé comme moraliste et assimilationniste, et de l'autre, au nom des spécificités ethno-nationales et régionales d'une "France éternelle" fantasmée, des identitaires combattant le modèle républicain intégrationniste et universaliste, vilipendé comme laxiste, immigrationniste et antinational[11] ».

Il faut ici évoquer les identitaires, cette nouvelle génération d'extrême droite dans la France des années 2000[12]. Rappelons que le parti d'extrême droite en France a connu une évolution majeure qui lui a valu de se trouver au second tour des élections présidentielles de 2002 et de 2017, contexte qui a favorisé l'éclosion de mouvements tels que Bloc identitaire, ainsi décrit par Yvan Gastaut, historien : « une nébuleuse qui se rassemble autour d'un socle commun : rejet de ceux qui sont considérés comme des "autres" menaçant les valeurs nationales et territoriales en ciblant particulièrement les musulmans, jugés indésirables. L'islam n'est toutefois pas le seul bouc émissaire, le racisme anti-Rom, contre les Noirs et l'antisémitisme sont également présents dans les discours ».

Plusieurs tendances s'y rattachent parmi lesquelles la nouvelle droite, le GRECE[13] (Groupement de recherches et d'études pour la civilisation européenne), autour de la figure tutélaire d'Alain de Benoist, ou, plus récemment, le mouvement Génération identitaire créé en 2012. Gastaut rappelle la longue tradition historique dans la Ve République dont hérite cette mouvance et pose la question du lien entre radicalisme d'extrême droite et radicalisme islamiste : « Un effet de stimulation mutuelle avec la violence comme facteur commun n'est pas à exclure[14]. »

Un florilège de nouveaux termes[15] qui ont une vingtaine d'années se trouve aujourd'hui sur le devant de la scène, dans les médias comme dans des publications militantes. Ils sont portés par de nouveaux collectifs qui récusent les positions anciennes de l'antiracisme développées, selon eux, par une élite ignorante de la situation de ceux qui subissent des discriminations. Avec l'emploi du terme « racisé », ces mouvements veulent porter la lutte, à partir de leur propre expérience, en dénonçant notamment le « racisme d'État » ou racisme institutionnel qui fabrique des exclus, dès l'école, puis à travers toutes les administrations.

Une forte mobilisation des jeunes pour protester contre le racisme anti-Noir

Cette terminologie est désormais utilisée, avec toutes les dérives qu'elle implique, dans les manifestations contre le racisme anti-Noir qui ont eu lieu, notamment en France en juin 2020. À la suite du meurtre de George Floyd, un homme noir de 46 ans, à Minneapolis le 25 mai 2020, par un policier qui, au cours de son interpellation, a pressé son genou contre son cou pendant près de neuf minutes, d'importantes manifestations, voire des émeutes ont secoué les États-Unis, dénonçant les violences policières à l'encontre des personnes noires. Le retentissement de ce crime, filmé en direct et relayé par les réseaux sociaux, a été planétaire. En France, ce sont surtout les jeunes, de toutes origines, qui ont participé à des manifestations, généralement pacifiques, en dépit des risques associés à la crise sanitaire. L'occasion leur en a été donnée par un comité réclamant « Justice pour Adama », en référence au décès d'un jeune homme à la suite d'une interpellation violente par la police en 2017. À l'entendre, d'ailleurs, la sœur d'Adama, égérie charismatique de ce mouvement, incarne paradoxalement, par la force de son verbe, ce que peut être la réussite de l'école de la République. Ses discours enflammés sont émaillés de ce nouveau vocabulaire.

Ainsi, à côté de ces réactions nombreuses et authentiques de refus du racisme, le meurtre de George Floyd, comme les conditions encore non élucidées de la mort d'Adama Traoré, a donné une visibilité à des discours sur le « privilège blanc » ou la *whitisation*. Un mouvement et un vocabulaire directement importés des États-Unis, et qui ont déferlé sur l'Europe grâce aux réseaux sociaux aussi vite que la pandémie. L'immédiateté des réactions, la récupération en France pour soutenir la cause des populations noires ont été particulièrement frappantes, avec la multiplication des pancartes BLM (Black Lives Matter) ou « *I can't breathe* » lors des manifestations.

Ce mouvement d'« antiracisme racialiste » est largement soutenu par la jeunesse, comme l'a montré le journaliste Anthony Cortes[16] dans un reportage auprès de jeunes, généralement gagnés à cette mouvance à travers les réseaux sociaux. Par exemple, L., 19 ans, étudiante en architecture, nouvellement militante féministe et antispéciste, se déclare dans une quête quasi mystique – « pour renverser mes certitudes… ma position dans la société en tant que Blanche… m'instruire pour me rapprocher de la vérité qui est celle des concernés… ». Cette quête, elle la doit à la consommation de certains podcasts, tels que *Kiffe ta race*, animé par Rokhaya Diallo et Grace Ly, militantes antiracistes : « Les deux animatrices demandent à chaque invité de se "définir sur le plan racial" avant d'entamer tout dialogue… et les invitent à "checker leurs privilèges blancs". » Dans son reportage, Anthony Cortes signale l'existence de plusieurs autres podcasts à l'intention des jeunes « minorisés » dont *Extimité*, *Décolonisons-nous*, sur Instagram, ou *Sans blanc de rien*, qui édite aussi un guide pour être « allié(e) de la lutte antiraciste », « prendre conscience de ses privilèges » et « apprendre à se taire ».

L'histoire de la colonisation et celle de l'esclavage sont convoquées pour nourrir les mouvances « décoloniales », les revendications identitaires de ceux qui se réclament les héritiers des colonisés, des esclaves ou de toute population qui aurait subi dans le passé la domination de l'Occident assimilé globalement aux « Blancs ». Selon Manuel Boucher[17], on peut interpréter les motivations de ces militants « décoloniaux » comme la volonté d'une partie de la petite « bourgeoisie ethnique » de s'autoproclamer représentante des

« non-Blancs ». Ils produiraient une vision radicale plutôt que sociale des rapports de domination afin d'obtenir des places de pouvoir sur les champs médiatique, politique et économique. L'auteur rappelle à ce propos l'analyse de l'historien Gérard Noiriel : « Lorsque le schéma marxiste de la lutte des classes s'affaiblit, les schémas identitaires sont relancés[18]. »

Les dérives de positions sans nuances

Une curieuse variante de la revendication identitaire prend la forme de la chasse aux emprunts culturels que feraient les « Blancs » qui s'approprieraient des cultures « non blanches », jusqu'à perdre tout sens du ridicule. Que cette étrange mode se développe dans ce continent composé d'immigrants du monde entier que représentent l'Amérique, États-Unis et Canada, pays du *melting-pot* des cultures, est pour le moins surprenant.

Parmi les multiples exemples de cette dérive recensés par la journaliste Caroline Fourest[19], celui portant sur la littérature. Une cabale a ainsi été menée contre une auteure à succès qui a écrit un roman dont les personnages principaux sont des Mexicains en butte à des problèmes d'intégration. Bien que l'auteure ait elle-même une grand-mère mexicaine, elle est accusée d'être une blanche s'appropriant l'histoire de Mexicains, « volant » en quelque sorte un succès d'édition qui devrait leur revenir ! La jalousie d'auteur s'exprime ici : on réserve le succès aux écrivains « blancs » au détriment des écrivains « non blancs » ? De telles situations vont jusqu'à être qualifiées de « plagiats », la pire offense faite à un auteur. De nombreux exemples de cet ordre, plus loufoques les uns que les autres, sont donnés par Caroline Fourest, comme insulter des chanteuses portant des dreadlocks, des marques s'inspirant de motifs ethniques, hurler parce qu'un menu à la cantine proposant un plat asiatique ne correspond pas exactement à la recette authentique… Elle rapporte qu'au Canada une association d'étudiants a supprimé un cours de yoga pour handicapés pour ne pas « s'approprier » la culture indienne ! Pourtant rappelons que se manifeste parallèlement dans la jeunesse un fort engouement pour une culture cosmopolite, venue d'Extrême-Orient (voir chapitre cinq). Par exemple, l'engouement pour les *Halliyu*, terme chinois qui désigne la « vague coréenne » – ensemble de produits, films, vidéos, bandes dessinées, jeux électroniques – développe une curiosité pour la découverte de nouveaux codes esthétiques et culturels qui serait propre à réinventer la citoyenneté et la démocratie[20].

Dans le même esprit de dénonciation et d'opposition à l'ethnocentrisme occidental, un nouveau féminisme dit intersectionnel tend à se substituer au féminisme des grands-mères, encore attachées à Simone de Beauvoir, cette représentante de la blanchité dominante. On en entend un écho très marqué dans les réponses de nos étudiants. Ce néoféminisme promeut un combat solidaire contre les discriminations de tous ordres : sexistes et racistes, homophobes, transexophobes, grossophobes. L'origine des convergences entre les luttes antiracistes et antisexistes, des Black Panthers à #MeToo, remonte, comme le rappelle Liliane Kandel[21], aux luttes qu'ont menées les féministes américaines réunies en 1848 à Seneca Falls dans un même mouvement pour le droit de vote des femmes et celui des Noirs. L'alliance des luttes antiracistes et antisexistes a accompagné deux siècles de combats, comme en témoignent dans les années 1970 le mouvement des Panthères noires et le Women's Lib aux États-Unis, ou les diverses tendances du MLF en France.

Aujourd'hui, le féminisme intersectionnel est devenu un concept militant et s'est chargé de plusieurs sens plus ou moins flous ; il se caractérise par sa radicalité et s'oppose au féminisme universaliste associé à la « blanchité » et au monde des dominants. Selon ses théoriciennes, et notamment la juriste américaine Kimberlé W. Crenshaw qui a fondé un groupe de recherche très implanté dans les universités américaines consacré à la critique du concept de race, il implique que l'opposition homme/femme ne peut être pensée indépendamment d'autres rapports de domination, au premier rang desquels se trouvent la classe et la race. L'« intersectionnalité » désigne ces situations où la combinaison de plusieurs formes de domination rend invisibles celles qui en souffrent, comme les femmes noires américaines, qui ne trouvent leur place ni dans les mouvements féministes « blancs » où l'on méconnaît l'oppression liée à leur appartenance raciale, ni dans les mouvements antiracistes où leur position de femme est invisibilisée.

Selon certains tenants de cette position, l'« intersection » postule que les acteurs sociaux sont le produit de l'articulation des rapports de race, de classe et de genre. Loin de se réduire à l'« addition » de propriétés agissant indépendamment les unes des autres, « cette articulation doit s'entendre comme l'imbrication et la coconstruction de rapports sociaux produisant des formes de domination qui varient selon les contextes historiques[22] ». Le politique, une certaine lecture de l'histoire sont alors convoqués au-delà de l'analyse sociologique. Les sciences sociales n'ont pourtant jamais ignoré le fait que tel groupe peut subir des discriminations de nature multiple, liées aux conditions de résidence, de scolarisation, de socialisation familiale, etc., ce qu'on appelle classiquement l'analyse multivariée.

Selon Olivier Galland, l'intersectionnalité « est d'abord le produit d'une condamnation radicale du féminisme universaliste, du “féminisme bourgeois”, celui par exemple de Simone de Beauvoir qui a été utilisé à des “fins coloniales” [...]. La boucle est bouclée, on voit comment le concept de “colonialité” s'articule à celui d'intersectionnalité et à celui d'islamophobie, pour parvenir à cette conclusion simple : les femmes musulmanes sont victimes non pas de la tradition patriarcale du monde musulman, mais du racisme postcolonial qui les maintient dans un état de domination[23] ».

Le féminisme intersectionnel a fait de l'écriture inclusive son porte-drapeau, une innovation typiquement francophone, la grammaire anglaise n'ayant pas les mêmes problèmes de genre. Au prétexte d'assurer l'égalité homme-femme, et ne craignant pas le ridicule, on peut lire par exemple cette affiche placardée dans des locaux universitaires, appelant tous les « professionnel-le-s » à la solidarité à l'égard des arts en grève : travailleu-r-se-s, régisseu-r-se-s, médiat-eur-rice-s, illustrat-eur-rice-s, webdesign-er-rice-s, les parfumeur.euse.s, chercheu-r-se-s, direct-eur-rice-s, etc.

Même des termes épicènes, c'est-à-dire s'adressant indifférem-ment à un homme ou une femme, comme photograph.e.es, sont assortis de points pour sacrifier aux impératifs de cette mode qui rend la lecture plus difficile. Le terrorisme grammatical s'étend ; ainsi tous les communiqués de l'université de Paris-Nanterre sont-ils désormais rédigés selon les codes de l'écriture inclusive.

De nouveaux censeurs

Les postures décoloniales multiculturelles, racisées, intersectionnelles se manifestent par des pressions et censures exercées par les adeptes de ces courants à l'encontre de représentations artistiques ou de débats jugés contraires à leurs idées. Exemple parmi d'autres de ce type de censure, l'annulation, sous la pression, par le doyen de l'université de Bourgogne d'une conférence portant sur « L'écriture inclusive à l'épreuve de la grammaire », par Jean Szlamowicz, professeur en sciences du langage, auteur d'un essai critique sur la question[24], tout en étant par ailleurs un défenseur de l'égalité des genres ; il encourt une censure parce qu'il démontre que la langue ne relève pas du politique et dénonce les confusions chez les militants entre langue et discours, grammaire et extralinguistique.

Dans notre enquête, certains étudiants déplorent la « perte de tolérance » comme marqueur de leur génération. Et on relève, en effet, diverses formes de censure à l'origine de nombreux incidents survenus surtout depuis 2016, à l'université et dans d'autres lieux culturels ou même scientifiques. En juin 2019, à la Sorbonne, des manifestations d'étudiants ont ainsi empêché la représentation de la pièce grecque d'Eschyle, *Les Suppliantes* : les actrices, interprétant le groupe de femmes venues demander asile, portaient sur scène des masques noirs, ce qui a été considéré par des « activistes » comme stigmatisant à l'égard des Noirs. La philosophe Sylviane Agacinski, connue pour son opposition à la GPA, a été interdite de parole à l'université de Bordeaux-Montaigne en novembre 2019, sous la pression de groupes estimant que la liberté de recourir à ces types de procréation n'était pas discutable. Un mois auparavant, l'intellectuel algérien Mohamed Sifaoui s'est vu supprimer la formation qu'il devait donner à l'université Paris-I sur la prévention de la radicalisation, sous la pression des sympathisants des lobbies pro-islamistes. Des professeurs spécialisés dans l'étude de l'affaire Dreyfus se sont vus conspués par leurs étudiants et harcelés jusque chez eux pour avoir osé leur suggérer d'aller voir le film *J'accuse* : Polanski est condamné au tribunal populaire, aucune autre considération relative aux jugements déjà rendus n'étant acceptable, au nom de la lutte contre le viol. Des intellectuels ou des hommes politiques considérés comme « réactionnaires » se retrouvent interdits de parole. Nombreux sont les exemples de ces formes nouvelles de luttes idéologiques qui se développent dans plusieurs universités, qui deviennent des lieux d'action de syndicats étudiants et de groupes qui se forment sur la base de ces nouvelles idéologies.

Une prise de conscience réussit toutefois à se manifester publiquement, notamment à travers le collectif d'universitaires et de chercheurs au sein du réseau « Vigilance Université[25] » et sous la plume de nombreux intellectuels courageux, telles Nathalie Heinich, sociologue de la culture, et Isabelle Barberis, spécialiste des arts de la scène, qui introduisent un ensemble de contributions consacrées aux « nouvelles censures et vieux réflexes totalitaires[26] ». Selon Virginie Taquin[27], écrivaine et professeure de littérature, c'est là une contribution très utile à la compréhension d'une vague d'intimidation qui se réclame de l'émancipation. Dans la même veine, mais avec leur style propre, des journaux satiriques dénoncent « les énervés de la race[28] », ceux qui réclament le déboulonnage des statues et le dé-baptême des noms de rues, des projets ou des actes dénoncés également par la presse générale.

Comme l'écrit l'historien Jacques Julliard[29], « à mesure que les voix de l'intolérance, islamisme, indigénisme, communautarisme sexiste, se font de nouveau entendre, la parole cesse d'être libre, le débat tourne au pugilat ; l'intimidation tient lieu d'argument. Ce néofascisme où l'on fait l'autodafé des livres vient, non de l'extrême droite, mais de l'extrême gauche, et elle a pour théâtre, ce n'est pas tout à fait un hasard, le lieu même où naquirent la *disputatio* médiévale, comme l'esprit critique et l'antiracisme : l'université. La confusion de la science et du militantisme politique n'est pas seulement un crime contre les droits de l'homme, c'est un recul de la civilisation ».

Bien qu'ils ne caractérisent qu'une partie de la jeunesse, ces différents mouvements radicaux, qu'ils se rattachent ou non aux extrêmes politiques, sont signes d'un véritable malaise de notre temps et d'un profond désarroi de la jeunesse face au politique.

CHAPITRE DIX

Les jeunes et la politique : entre populisme et exigence démocratique

On pourrait penser que les jeunes sont dépolitisés, si on se contente de mesurer cette attitude à leur refus de voter. En effet, un tiers des 18-24 ans s'est abstenu aux élections présidentielles et législatives de 2017. Un plus fort taux d'abstention des jeunes a été également observé aux élections de 2002 et 2007. Aux élections municipales de 2020, le taux d'abstention des jeunes a atteint un record : moins d'un jeune sur deux a voté au premier tour et seuls 28 % des 18-35 ans ont voté au second tour selon une estimation Ipsos-Sopra Steria. Il est vrai que la situation était exceptionnelle, avec la pandémie qui a dissuadé de se rendre aux urnes un grand nombre d'électeurs comme le délai de plus de trois mois entre les deux tours qui les a démobilisés.

Analysant les statistiques électorales et les données sur les valeurs des Français sur plusieurs années, le politologue Pierre Brechon[1] conclut que le taux d'abstention des jeunes ne signifie pas qu'ils se désintéressent de la politique, car dans les enquêtes sur les valeurs, ils manifestent un niveau élevé de politisation. Leur comportement électoral semble plutôt la marque d'une culture de l'individualisation, au sens de la valorisation de l'autonomie individuelle ; leurs sympathies partisanes sont plus légères et changeantes que celles de leurs aînés, et « ils veulent se faire par eux-mêmes leurs opinions, sans se couler dans le moule tout fait d'une grande idéologie ou d'un parti politique[2] ». Les jeunes ne sont donc pas dépolitisés, mais politisés autrement. Plus affranchis des tutelles institutionnelles et organisationnelles, leurs engagements sont à la fois plus individualisés, plus réactifs et protestataires collectivement : « Enfants de la crise économique et de la crise de la représentation politique que la France a connues depuis la fin des années 1980, ils sont donc dans ce climat de très grande défiance, partagée par leurs aînés. Une large majorité de citoyens ne fait pas confiance au système politique. Les jeunes sont aussi tributaires de ce contexte. » Leurs votes de protestation sont des exutoires politiques au sentiment d'abandon et de fragilité sociale. Plus de un jeune sur deux a exprimé un vote de ce type, lors de la dernière présidentielle de 2017, en votant soit à l'extrême gauche pour Jean-Luc Mélenchon, soit à l'extrême droite pour Marine Le Pen. La signification du clivage gauche/droite s'affaiblit. La moitié des Français ne sait d'ailleurs pas comment se situer entre la gauche et la droite ou se déclare au centre. C'est aussi le cas de 67 % des 18-24 ans, selon un sondage Ifop de juin 2019. Les jeunes n'ont pas le sentiment d'avoir connu des changements favorables notables depuis l'élection présidentielle d'Emmanuel Macron. Le président de la République, pourtant le plus jeune jamais élu, n'a pas leur faveur. *A contrario*, les observateurs politiques notent que ce sont les plus âgés qui sont séduits par un jeune président et non ceux qui en sont plus proches par l'âge. Les jeunes attendent des politiques qu'ils s'engagent sur des idées, des valeurs et des projets. Or le projet politique est en panne, ce qui explique leur défiance, comme leur sentiment d'une certaine vanité du pouvoir, par contraste avec des questions qui leur semblent fondamentales telles que l'environnement ou les risques de précarité.

Mobilisation pour le climat

C'est au nom de leur besoin d'engagement pour des valeurs que l'on peut analyser les résultats des élections européennes de 2019, qui contredisent l'image d'une jeunesse qui se désintéresserait de tout, y compris du politique, ou même s'en détournerait. Les 18-24 ans, plus présents dans les mobilisations de terrain, ont contribué, plus qu'au cours des élections antérieures, aux bons résultats des partis écologiques. Au-delà de l'engagement démocratique, les jeunes demandent à leurs dirigeants européens comme nationaux de prendre un engagement sur l'écologie.

Témoignant d'une mobilisation pour le climat d'une ampleur inédite, les jeunes Français, comme leurs homologues allemands et belges, ont massivement voté pour les écologistes[3]. En France, Europe Écologie Les Verts est devenu le premier parti chez les 18-34 ans. Selon l'enquête Ipsos-Sopra Steria que cite *Le Monde*, 25 % des 18-24 ans et 28 % des 25-34 ont choisi un bulletin pour le leader du mouvement, bien loin devant le RN et LRM : « Les jeunes ont intégré qu'ils allaient vivre avec le réchauffement climatique et que ce sont eux qui en subiront les conséquences, explique Brice Teinturier, directeur d'Ipsos, et si voter pour les Verts représente pour certains un engagement, pour d'autres il s'agit toutefois d'une "forme de dégagisme"[4]. »

Certains commentaires recueillis dans notre enquête expriment une véritable angoisse des dangers pour la planète : « [Nous sommes la] dernière génération pour sauver la planète », ou : « L'homme ne représente rien à l'échelle de la vie ; la nature reprendra ses droits et nous disparaîtrons... » On ne peut cependant pas déduire de ces votes une conversion massive de la jeunesse en faveur de l'écologie : celle-ci concerne vraisemblablement plus souvent les jeunes des milieux aisés, étudiants ou lycéens, et moins souvent les membres des catégories populaires – cela vaut, du reste, pour l'ensemble de l'électorat écologiste[5]. Cependant les élections municipales de 2020 révèlent une évolution à cet égard ; la sensibilité écologique s'étend à d'autres couches de la population et gagne les zones plus faiblement urbanisées. L'enquête Sofres sur les 18-24 ans de 2016 a montré que près de la moitié des jeunes Français (45 %) et Européens (47 %) considèrent que le changement climatique fait partie des problèmes les plus sérieux dans le monde. Il arrive au troisième rang des préoccupations après la pauvreté/faim et le terrorisme international. Mais seuls 37 % auraient adopté des comportements concrets dans ce sens, tels que tri des déchets, réduction de l'usage des sacs en plastique, consommation de produits locaux et de saison…

Des risques de dérives ?

La préoccupation pour le climat, les puissantes craintes, voire les angoisses qu'elle soulève, permettent une large mobilisation pour des changements salutaires dans les activités humaines. Existe un large consensus à ce sujet, surtout parmi les plus jeunes générations. Mais ces peurs comportent aussi des risques de dérives. La prise de conscience des conséquences catastrophiques de l'activité des hommes, désormais bien attestées – dérèglement du climat, extinction de nombreuses espèces, risques de catastrophes naturelles… – semble parfois remettre en question la conception développée dans la civilisation d'inspiration judéo-chrétienne de l'homme comme produit de la culture et de la civilisation, opposée à la nature, les animaux étant relégués et réduits à des objets de consommation, tout comme les produits de la terre, plantes ou minéraux. On ne compte plus les ouvrages spécialisés, les débats télévisés, les mouvements militants qui interrogent ces représentations et les pratiques qu'elles ont engendrées de la part des sociétés humaines, ainsi que leurs conséquences futures en termes de catastrophe et de cataclysme. La vie des animaux fait l'objet d'un regain d'intérêt, elle est mieux étudiée, mieux connue ; on découvre à quel point ils partagent ce qui paraissait le propre de l'homme : la sensibilité, l'amour, la solidarité, la capacité de souffrir. L'empathie à l'égard des animaux ne se limite plus à « nos amis les plus proches, les animaux domestiques », elle s'élargit aux animaux sauvages et aux différentes espèces, jusqu'aux fourmis. Mais si cette prise de conscience est un réel progrès à la fois du point de vue de la réalité et du respect dû au vivant et aux autres espèces, elle ne peut pas justifier le retournement complet qui consiste à attribuer à l'animal la même valeur qu'à l'être humain. Pourtant, la frontière est parfois franchie et il arrive que dans les débats à ce sujet ou portant plus largement sur les variétés du vivant, on entende de curieuses réflexions qui semblent ignorer ce qui fait la valeur unique de l'homme pour l'homme. Les excès en ce sens sont infiniment dangereux et il faut rappeler à quelles horreurs a conduit l'assimilation d'une partie de l'humanité au statut d'animaux : l'esclavage et ses excès ; les camps d'extermination nazis ; les génocides… Rappelons ce qu'écrivait le grand poète allemand Henri Heine, à propos des tendances philosophiques de son temps et en particulier de la philosophie de la nature[6] : « Les plus effrayants de tous [se référant aux intellectuels de son temps] seraient les philosophes de la nature, qui interviendraient par l'action dans une révolution allemande et s'identifieraient eux-mêmes avec l'œuvre de destruction […], le philosophe de la nature sera terrible en ce qu'il se met en communication avec les pouvoirs originels de la terre, qu'il conjure les forces cachées de la tradition, qu'il peut évoquer celles de tout le panthéisme germanique et qu'il éveille en lui cette ardeur de combat que nous trouvons chez les anciens Allemands, et qui veut combattre, non pour détruire, ni même pour vaincre, mais simplement pour combattre. » Voilà, tracé dès 1833, le portrait d'Hitler.

Plus près de nous, des historiens ont retracé en quoi les philosophies nazies de la nature ont été mises en avant pour justifier les pires atrocités : « Il est bien connu, peut-on lire dans un article récent, que les nazis traitaient les humains avec une extrême cruauté. Les terrifiantes expérimentations médicales sur les humains ont été soigneusement documentées et analysées de même que l'extermination froide et calculée de millions d'êtres humains durant l'Holocauste. On connaît moins les mesures pourtant considérables adoptées par les nazis pour assurer les soins et la protection des animaux… Le brouillage des frontières entre les hommes et les animaux, ainsi qu'avec la nature, a été essentiel dans la construction par le nazisme de l'identité nationale allemande. Les nouveaux Allemands devaient être des animaux sous certains aspects et renoncer à une part de leur humanité. La compassion, normalement réservée aux humains, devait être réorientée en direction des animaux. C'était un des objectifs des lois sur la protection des animaux[7]. » Quelles que soient l'urgence et l'importance de la prise de conscience et des actions pour la planète, méconnaître la valeur universelle et unique de l'homme remet en question cet acquis tardif de la civilisation que représente l'universalité des droits humains. La défense de la nature et de la vie sur terre ne saurait en aucun cas se faire au détriment de la défense des droits de l'homme.

Autre dérive des mouvements de défense de la nature : l'accusation agressive des politiques ou des mouvements désignés (à tort ou à raison) comme des responsables de la pollution. S'il est indéniable que l'origine du danger écologique réside dans les actions humaines, l'industrialisation, le développement des technologies, l'accroissement accéléré de la démographie, il n'y a qu'un pas entre ce constat et des formes de contestation violentes visant des actions ou des symboles de ce qui apparaît comme l'ennemi de la Terre. Aux États-Unis et en Grande-Bretagne, un véritable « écoterrorisme » fait l'objet de lois spécifiques pour le combattre. En France, le mouvement zadiste – nom qui est formé sur l'acronyme ZAD, qui signifie en langage administratif « zone d'aménagement différé » et devient pour les militants « zone à défendre » –, en principe non violent, se développe pour la préservation de la nature et contre certains projets d'aménagement.

Le rapport à la politique d'une génération à l'autre

Rien d'étonnant à ce que la nouvelle génération ait un rapport au politique très différent de ce qu'était celui des générations précédentes, par exemple en ce qui concerne les relations entre la France et les États-Unis. Quelles que soient les critiques que les anciennes générations peuvent adresser à leurs présidents, les États-Unis incarnent à leurs yeux les sauveurs de la France au cours de la Seconde Guerre mondiale. Les jeunes, eux, oublient cette histoire mémorielle et retiennent les violences, les armes en vente libre, les reculs des États sur le droit à l'avortement, et surtout le racisme. Leurs positions participent d'un mouvement mondial de critique virulente contre l'Occident. En mentionnant la présence de Trump à la tête des États-Unis, les répondants de notre enquête signifient leur crainte et leur méfiance à l'égard de ce pays, alors qu'à l'inverse, l'élection de Barack Obama incarnait un événement marquant et positif.

L'importance de la transmission familiale dans les dispositions et comportements politiques a été bien établie[8] à propos de la jeunesse de la fin du XXe siècle et du tournant du millénaire, celle des parents de nos vingtenaires, une génération désenchantée. Qu'en est-il des jeunes d'aujourd'hui ? « Ils portent ce désenchantement en guise d'héritage[9] », mais ne semblent plus se placer dans la ligne de leurs prédécesseurs : « En contrepoint de ce désenchantement… se profile la culture web. Comme si la sociabilité du Web fortifiait la solidarité générationnelle et la cimentait par le rire, face à une société qui, à l'évidence, accueille mal les nouvelles générations et ne dégage guère de perspectives politiques », relève Monique Dagnaud[10]. Cette culture web, en prenant une place particulière dans la socialisation politique, conditionne assez largement le rapport à la politique des jeunes d'aujourd'hui ainsi que la culture politique qui sera la leur demain : « le culte libertaire enraciné dans la généalogie du Net, vision qui favorise l'autonomie des individus, refuse les contraintes collectives et se méfie des institutions et de l'État, est en parfaite affinité avec l'état d'esprit des adolescents et des jeunes adultes pour faire bouger les choses[11]. » La culture du *lol* (*laughing out loud*, « rire aux éclats ») produit un espace public d'une efficacité redoutable pour diffuser des slogans ou des prises de position. Les *lol* visent à la désacralisation et à l'ébranlement des pouvoirs, semblent dégager une humeur collective, traversée de passions, de rancœurs et de contradictions… dont la traduction électorale se lit dans les comportements politiques des jeunes, en particulier des moins diplômés. Les frontières entre vérité et mensonge, entre la réalité et son travestissement en deviennent de plus en plus poreuses.

Ainsi, à travers les réseaux sociaux, c'est une forme de démocratie participative qui s'exprime sous de multiples formes, des plus classiques, pétitions et appels à manifester, aux nouvelles formes combinant le *fun* et la protestation. Dans ce monde numérique, les dispositions et orientations politiques sont largement forgées par la médiasphère, à travers la télévision, la radio, le mobile, Internet, les réseaux sociaux, sous des formes sérieuses ou moqueuses. Le fait nouveau est l'énergie tirée des échanges entre pairs sur le Net, une *mass self communication* qui menace la légitimité des pouvoirs politiques[12]. Ainsi, conclut Monique Dagnaud, « dans l'espace public délibératif s'est installé un conflit de générations. La *res publica,* terreau des passions extrêmes des adultes, ce champ sémantique découpé en droite-gauche, façonné par des idéologies et articulé aux grandes questions de politique publique… n'est plus crédible aux yeux des jeunes[13] ».

Il reste qu'une large diversité d'orientations politiques caractérise la jeunesse, ce qui ne peut surprendre compte tenu de l'absence d'unité dans cette génération. Se manifeste notamment une différence entre diplômés et non-diplômés, et surtout en fonction des lieux de résidence, différenciant les habitants des centres urbains et ceux qui résident dans des périphéries urbaines, selon leur niveau de classement en « zones difficiles » ; cette coupure fait des jeunes « des quartiers » une population spécifique dans ses formes d'expression politique ou, du moins, dans l'espace public.

Des violences urbaines sans débouchés politiques

Les violences urbaines font désormais partie d'un certain paysage périurbain, un phénomène persistant avec plus ou moins de virulence selon les années, les saisons et les événements. Le film récent *Les Misérables*, déjà plusieurs fois évoqué, s'en est fait l'écho. Ces violences existent depuis les années 1980, elles sont généralement interprétées non pas comme de simples formes de délinquance, mais comme des formes de protestation des jeunes contre le chômage, l'absence de reconnaissance, le racisme. Pour le sociologue Robert Castel, le drame de ces jeunes tient à ce qu'ils « sont repoussés sur les marges du monde social et ne sont ni dehors ni dedans la société française[14] ».

L'année 2005 a vu le développement de violences urbaines spectaculaires. Des émeutes ont éclaté à la suite d'un événement tragique, la mort accidentelle de deux adolescents fuyant la police. Elles se sont poursuivies durant trois semaines, sans leader ni véritable organisation, mais plutôt comme mouvements spontanés des jeunes résidant dans les banlieues périphériques des villes. Parties de Clichy-sous-Bois, elles se sont étendues à tout le territoire national ; elles ont pris alors des dimensions dramatiques et une ampleur politique.

Ces violences ont suscité de nombreuses études et réflexions[15] qui se sont efforcées d'en comprendre l'origine et la signification, tout en s'accordant sur l'absence de vision politique ou de récupération politique de ces événements. Leurs conclusions sont toujours d'actualité. Ce sont les *sentiments* à l'origine des émeutes qui ont été soulignés : indignation ; vécu de multiples humiliations accumulées, qui nourrissent la rage et la haine ; sentiment d'injustice, d'humiliation à l'école et face à la police ; chômage ; absence de perspective d'avenir… L'émeute comme forme élémentaire de protestation témoigne en creux de l'absence d'autres possibilités de contestation et pose *in fine* la question des médiations et représentations politiques[16]. Une enquête réalisée six mois après la fin des émeutes a permis de mieux comprendre qui en étaient les participants et quelles étaient leurs motivations. Il en ressort qu'elles ont été le fait de jeunes gens, incluant un certain nombre de mineurs, essentiellement des garçons, dont la plupart n'avaient pas d'antécédents de délinquance, souvent en échec scolaire et en quête de reconnaissance. Leur participation aux émeutes est interprétée comme une façon de « se montrer dans l'espace public », de « s'exprimer » et, plus encore, de « se faire entendre », dans un « mélange de jeu et de révolte expressive ». Par l'occupation, parfois violente, de l'espace public, ces jeunes des quartiers défavorisés « voudraient faire comprendre que leur parole n'est pas prise en compte ; plus encore, certains témoigneraient d'un fort sentiment d'abandon ». Aucune demande ou revendication spécifique ne s'est alors exprimée.

Ces explosions de rue se distinguent en cela des grèves ou des manifestations organisées par des organisations militantes ou des syndicats, destinées à exercer des pressions sur les pouvoirs publics, comme ont pu l'exprimer des mouvements étudiants ou lycéens, se mobilisant contre certains projets – ainsi en 2006 le projet de CPE (contrat première embauche) ou, plus récemment, l'augmentation des tarifs d'inscription à l'université pour les étudiants étrangers. Dans les entretiens menés auprès des jeunes participants des émeutes de 2005, on ne retrouve rien de semblable. Le moteur de leur action est tout autre. Il est à rechercher dans la « force d'entraînement du groupe des pairs » et, plus généralement, dans la « pression constante qu'il exerce sur les jeunes à travers les normes qui régissent les rapports quotidiens, la culture, la solidarité, les codes partagés. Le groupe produit une pression conformiste, y compris à travers une culture de l'apparence, et des normes consuméristes. Il s'impose de façon plus déterminante que les relations avec les adultes et bien plus que les rapports avec les institutions. C'est une forme extrême d'horizontalité qui régit le fonctionnement de ces groupes de jeunes. On avait incriminé, à l'époque de ces émeutes, la démission des parents, leur manque d'autorité, mais celle-ci ne s'exerce qu'au sein du foyer et s'est avérée impuissante dans la rue, comme le montre l'échec des pères qui ont tenté de faire cesser les violences. Les jeunes ont fait preuve d'une autonomisation exacerbée au moment de ces violences. Mais cette autonomisation est significative des dispositions d'esprit d'une partie de la jeunesse, au-delà des situations particulières, ou des liens problématiques avec les aînés. Est aussi mise en relief la présence d'un problème qui n'est pas limité aux groupes enquêtés, mais qui semble traverser toute la jeunesse : la faiblesse de sa représentation politique[17] ».

Les mouvements de contestation à l'échelle de la planète

Plus pacifiques, les mouvements contestataires tels Nuit debout ou Les Indignés, apparus ensuite (entre 2011 et 2016), ont ceci en commun avec les émeutes urbaines qu'ils se sont déroulés sans leader, sans organisation et sans exprimer de revendications précises, mais ils ne concernaient pas la même jeunesse : les habitants des banlieues en étaient absents, comme ils ont été absents plus tard des manifestations des Gilets jaunes.

Les Indignés ont pris une dimension transnationale. Parti de Madrid, ce mouvement de protestation s'est répandu comme une traînée de poudre en Europe et au-delà, du printemps à l'automne 2011. Composé d'une majorité de jeunes, des urbains plutôt diplômés, et aussi de retraités, de salariés et de chômeurs, il a fait suite à la grande crise de 2008 et aux politiques d'austérité qui ont suivi et touché de plein fouet les jeunes à l'entrée du monde du travail. À la même date, sont apparues de nombreuses explosions de colère, le Printemps érable de Montréal, Occupy Wall Street ou le Mouvement des parapluies de Hong Kong (qui a resurgi en 2019 sous forme d'une véritable action politique de défense de la démocratie). Si elles rassemblent toujours une majorité de jeunes, ces différentes manifestations ne se présentent pas véritablement comme des mouvements générationnels, au sens où ils exprimeraient des revendications catégorielles, comme les révoltes des étudiants de 1968 qui exigeaient plus de liberté pour eux-mêmes, et la mixité des cités d'étudiants. Les Indignés, comme Nuit debout, expriment une contestation globale du système ainsi qu'un « sentiment », selon Alain Touraine, « en tant qu'il ne s'est pas encore transformé en action collective. Être indigné, poursuit le sociologue, signifie "je suis choqué par" : c'est une réaction psychologique personnelle ou collective à des comportements vus comme choquants. Et c'est, à mon avis, ce qui a précisément fait la force de cette notion d'"indignation" : ce n'est pas un mouvement effectif. Il s'agit d'un prémouvement, d'une disposition psychologique à lancer un mouvement si d'autres éléments favorables surviennent. Un mouvement social n'est pas une pure initiative psychologique. Il faut qu'une occasion, un événement de crise, un accident signe le départ du mouvement, c'est-à-dire d'une protestation sociale organisée[18] ». Analysant le contexte économique et politique d'éclosion de ce mouvement – crise économique, chômage, déclin des syndicats, effondrement du Parti communiste, crise des partis politiques –, Alain Touraine ajoute : « Je dirais que Les Indignés sont un "mouvement de libération" plutôt qu'un mouvement révolutionnaire : ils rejettent une situation, s'en libèrent, sans construire pour l'instant d'autres solutions. » Un mouvement fortement affectif, mais d'une très faible efficacité. Cécile Van de Velde, sociologue spécialiste de la jeunesse, a enquêté sur ces mouvements dans différents pays ; ils ne sont, selon elle, « qu'un des symptômes visibles d'un mouvement bien plus souterrain et profond : celui de l'avènement d'une nouvelle dynamique générationnelle dans nos sociétés de longévité, faite de luttes et de liens entremêlés, à un niveau transnational ». La même colère s'exprime dans les inquiétudes de la jeunesse sur le climat, qui « se lie de plus en plus, chez les étudiants et les jeunes diplômés, à une remise en cause du système économique [...], ils ont le sentiment de ne pas être en adéquation avec ses valeurs[19] ».

Nouvelles formes de contestation populaires, ces mouvements éclatent à divers endroits de la planète, dans les pays démocratiques, et aussi plus exceptionnellement sous des régimes autoritaires, comme les Printemps arabes et les Parapluies de Hong Kong. Ils présentent des caractéristiques convergentes dans de nombreux pays, ainsi décrites par Raffaele Simone : ce sont des « formations fluides, sans statuts, sans structures physiques stables, convocables en peu de minutes, sans hiérarchie interne[20] ». Selon Simone, qui évoque le terme de « mouvementisme » proposé par Dominique Schnapper[21], ils ont en commun d'adopter des « postures de rejet, des slogans contestataires et une attitude d'opposition générale, de refus des structures de pouvoir, du "dégagisme". Ils ont une extrême volatilité, mais peuvent néanmoins se transformer en partis populistes comme Cinq étoiles en Italie, Syriza en Grèce, Podemos en Espagne. »

Un renouveau démocratique ?

« La contestation de la démocratie en Europe a toujours existé, il s'agit d'un leitmotiv récurrent jusqu'à l'ennui et qui accompagne le paradigme démocratique dès sa naissance », observe encore Raffaele Simone, tout en s'interrogeant sur les risques actuels d'une faillite de la démocratie[22]. Cette inquiétude est aujourd'hui largement partagée face à la crise majeure que connaît la démocratie avec la mondialisation, la révolution numérique et, plus récemment, la survenue de la crise sanitaire. L'historien Pierre Rosanvallon voit dans le populisme « l'idéologie ascendante du XXIe siècle, à l'heure où les mots hérités de la gauche semblent dorénavant résonner dans le vide[23] », tandis que Jean-Pierre Le Goff retrace l'« agonie de la gauche[24] ».

Dans ce climat, l'orientation politique des jeunes, qui constituent la force politique des décennies à venir, représente un enjeu fondamental. Pour les jeunes générations, qui se heurtent trop souvent à un marché qui leur ferme ses portes, cela a été souvent souligné : il faut ouvrir de nouvelles perspectives d'avenir, élargir les possibles, leur permettre de restaurer les choix de vie, de formuler des projets personnalisés et individualisés. Il est important de contrer l'attraction de certains discours populistes « antisystème » auprès de la jeunesse, de resusciter l'adhésion au vote, notamment au sein des classes populaires.

La démocratie n'est pas qu'une forme de gouvernement : elle est aussi et on pourrait dire d'abord un mode de vie associé d'expériences de vie communes. Simone, déjà cité, rappelle ce que sont les trois piliers de la démocratie : 1) les institutions démocratiques : Parlement, magistratures, administrations ; écoles ; forces de l'ordre ; 2) la face immatérielle de la démocratie : un état d'esprit partagé, une culture homogène et expansive, la mentalité démocratique enracinée et répandue de manière capillaire ; 3) les mythologies : c'est dans la démocratie qu'on vit le mieux, elle représente la coupure avec les anciens régimes ; définie par l'État de droit, l'égalité des citoyens devant la loi, la liberté, la démocratie produit de nouveaux acteurs, la nation, les classes, l'État moderne[25].

Les fondements de la démocratie sont ébranlés par deux tendances opposées, l'une antidémocratique, l'autre exigeant plus de démocratie, un mouvement hyperdémocratique déçu par la non-réalisation de la capacité d'apporter la liberté, la paix, la prospérité, la défense des droits fondamentaux. Ce sont certainement de telles exigences pour plus de démocratie qui caractérisent la nouvelle génération, qui se montre par ailleurs un peu moins négative que l'ensemble de la population sur le fonctionnement de la démocratie. Selon l'eurobaromètre de confiance politique de 2018, 61 % des Français considèrent que la démocratie ne fonctionne pas bien, mais les 18-24 ans sont moins sévères, ils sont 56 % à partager ce diagnostic[26].

L'ère du numérique a révolutionné le rapport au politique, à l'information et aux nécessaires débats démocratiques. La surinformation, le règne des images, mais aussi les immenses possibilités d'expression qu'apportent les technologies numériques seront-ils de nature à renforcer la démocratie en la renouvelant ? Quelques exemples ludiques témoignent d'un véritable engouement de la jeunesse pour des programmes politiques qui leur permettent de faire valoir leurs propres positions. Par exemple à travers GOV, une application qui a obtenu le prix de l'innovation digitale en 2015 : son principe est de permettre à chaque citoyen de donner son avis *via* un mobile sur des débats, des femmes ou hommes politiques, ou des sujets d'actualité[27]. GOV se rapproche de l'application Tinder : des photos de personnalités politiques défilent, il suffit de les « gover », c'est-à-dire d'appuyer sur + ou –. L'application encourage à voter tous les jours pour les mêmes personnalités selon son humeur. Quatre mois après son lancement en 2014, elle enregistrait 300 000 opinions. Certes ce n'est pas un moyen de sondage, car on ne peut pas contrôler sa représentativité, mais c'est plutôt une possibilité d'expression des citoyens, appréciée si on en juge par son succès.

Alors que la lutte contre la pandémie a démontré le grand retour de l'État, comme son action pour maintenir l'État de droit, alors que s'impose à l'évidence le lien entre le climat et la santé publique, on pourrait imaginer que les nouvelles générations, les plus conscientes de la nécessité d'agir pour la préservation de l'environnement, y trouvent l'opportunité d'une mobilisation nouvelle pour lutter contre le réchauffement climatique. On pourrait aussi imaginer que la crise, ayant démontré l'interdépendance des êtres au-delà des frontières et la nécessité d'une coopération internationale, pourrait conduire à un changement des relations entre les hommes et représenter une chance pour l'Europe. Un défi pour une jeunesse d'autant plus capable de le relever qu'elle est ouverte à la culture cosmopolite.

CONCLUSION

Génération 2020 : une génération de tous les défis

Nos questionnaires, et le flot de commentaires qu'ils ont suscités, ont montré que la génération des vingtenaires perçoit bien les spécificités qui la rendent unique : d'abord, elle est la première à être née, nourrie, imprégnée, façonnée dans la civilisation numérique ; ensuite, elle est encore la première à prendre pleinement conscience qu'elle hérite d'un monde dont les ressources naturelles ont été largement compromises par les activités humaines, un monde anxiogène, laissé par les aînés qui, dans leur propre jeunesse, n'en avaient guère conscience, à l'exception d'une minorité ; enfin, troisième caractéristique, elle inaugure, dans ses relations aux autres générations, un fonctionnement horizontal, en rupture avec le modèle qui semblait universel, l'enchaînement des générations par « confrontation et opposition ». Nos vingtenaires ne s'opposent ni ne se réfèrent à leurs aînés, ils se définissent tout simplement en dehors d'eux, et entre soi, comme *désenchaînés.* Dans l'espace virtuel au sein duquel ils évoluent, ou dans ce qui apparaît par contraste la « vraie vie », les références et figures d'identification sont recherchées désormais dans leur propre génération. L'éducation qu'ils ont reçue, dans la famille comme à l'école, incite à être autonome, à se réaliser soi-même, à exprimer sa propre personnalité, en dehors des contraintes.

Une telle éducation a-t-elle participé à la crise de la transmission et de l'autorité – non pas dans le sens de l'ordre ou de la tyrannie, mais de l'autorité de la culture et de la tradition ?

Ils n'ont que faire des savoirs, des politiques des générations précédentes qui leur paraissent obsolètes, et d'autant plus lorsque se greffe sur les problèmes climatiques une crise sanitaire aux conséquences économiques imprévisibles. Refus de l'héritage et fonctionnement horizontal se confortent mutuellement dans le rejet de la génération antérieure, dans le ressentiment à l'encontre des politiques qui n'ont pas compris l'urgence des mesures à prendre pour contrer les effets du dérèglement climatique, ou qui n'ont pas voulu les prendre.

S'ils partagent ces caractéristiques communes, nos jeunes se répartissent cependant en diverses mouvances, qui évoquent ce que le grand sociologue hongrois Karl Mannheim a nommé des « unités de génération » : « La même jeunesse, orientée par la même problématique historique [...], écrit celui-ci, vit dans un même *ensemble générationnel* ; les groupes qui [...] s'approprient différemment ces expériences constituent différentes *unités de génération* dans le cadre du même ensemble générationnel[1]. » Mannheim insiste sur la puissante force constituante des thèses et idéologies à l'origine de la formation des *unités de génération* : « Ce qui fonde une unité de génération, ce sont ses contenus qui ont un effet de *socialisation* et font d'individus isolés un groupe [...], ce ne sont pas d'abord les contenus qui rassemblent, mais surtout les forces structurantes qui les sous-tendent[2]. » Or le contexte historique de ce début du millénaire, marqué par l'importance et la diversité des influences mondiales, produit un foisonnement de ces unités, qui paraissent irréductibles entre elles et rendent impossible la formation d'un ensemble générationnel cohérent, ou *lissé*. C'est pourquoi la métaphore d'une *jeunesse en grumeaux*, en « conglomérats de sous-groupes », paraît adaptée pour caractériser la génération des vingtenaires de l'an 2020. C'est sa quatrième caractéristique : les diverses jeunesses, plus ou moins minoritaires et fortement inégales, sont éclatées selon les territoires qui, bien que se situant dans un même temps générationnel, ne forment pas un véritable tout cohérent. Un paysage en grumeaux qui ne présage guère de la réalisation du monde commun.

Tel est, du moins, le constat que l'on pouvait établir avant la survenue inattendue de la crise sanitaire. Désormais, les cartes se trouvent rebattues et nos vingtenaires vont avoir en partage cette pandémie qui sera le principal marqueur de leur génération, d'autant plus que ses conséquences en seront très différentes selon les générations. Si la mortalité a frappé à plus de 80 % les plus de 65 ans, le confinement a été pénalisant avant tout pour les jeunes. Un paradoxe qui pourrait nourrir un « conflit de générations », selon le président Macron[3]. Nombre d'analystes estiment en effet que la génération de Mai 68 est responsable d'un certain nombre de maux du pays mais aussi de ceux du monde, notamment en matière d'écologie.

Comment les effets à moyen et long terme de la pandémie de Covid-19 impacteront-ils le futur de ces jeunesses et, à l'inverse, comment celles-ci, une fois aux commandes, affronteront-elles les temps incertains de la nouvelle décennie du XXIe siècle ? Face aux lourds défis que ces jeunes doivent relever pour remettre la société en marche, il faut souligner que tous et toutes partagent une même défiance vis-à-vis du politique. Leur dénonciation des méfaits du capitalisme et de la mondialisation ne peut que se renforcer alors que la crise du climat et la crise sanitaire entrent en collision, l'une n'étant pas sans conséquences sur l'autre, ou à l'inverse l'une étant la cause de l'autre. Dans les deux cas, la mondialisation et plus précisément le capitalisme mondialisé sont appelés au banc des accusés : les pratiques productives, les émissions de gaz à effet de serre, les transports aériens qui réchauffent la planète, comme les voyages qui rétrécissent l'espace et favorisent la dissémination rapide du virus. La crise climatique qui affecte déjà la planète, son environnement naturel et animal, et la conscience de la finitude de l'individu dans l'égrènement sinistre du nombre quotidien de décès au long des semaines de confinement entrent en résonance. La planète et l'homme : même combat. Aux jeunes donc d'avoir à affronter une situation d'incertitude où se mêlent des angoisses quant à la finitude du monde et le resurgissement massif de la mort que les sociétés modernes avaient jusqu'ici voulu oublier.

Dans une conférence destinée aux étudiants de Sciences Po, intitulée : « Climat : de la conscience à l'action », Bruno Latour assignait à la jeunesse le rôle de « chaînon manquant entre la conscience collective que l'on a des données climatiques catastrophiques et la fabrication des institutions politiques autour de l'État-nation ». Optimiste alors – c'était avant la catastrophe sanitaire –, le sociologue estimait que la réorientation de la politique en faveur de la question climatique pourrait se réaliser très vite. Beaucoup des trajectoires « éco-orientées » que nous avons décrites pourraient effectivement donner à espérer. Aujourd'hui, selon nombre d'écologistes, l'enchâssement des deux catastrophes devrait être l'occasion de se saisir de ce qui pourrait faire paraître la crise sanitaire comme un événement mineur en regard des conséquences sociales et économiques de la crise climatique qui s'annonce. D'une certaine façon, la situation, en dépit ou grâce à ces défis majeurs, pourrait donner à espérer. Avec la génération de leurs parents, les jeunes auraient, en effet, entre leurs mains le capital de savoir technologique nécessaire pour faire face. C'est lui qui a permis en grande partie de supporter la crise du confinement, autorisant une proximité sociale en dépit de l'exigence de séparation physique, et on peut penser que ce savoir sera efficace pour affronter les défis sociaux et économiques.

Ces techniques de communication, accusées au long cours du développement de l'individualisme, ont été réhabilitées lors de la pandémie, car elles ont permis à ceux d'entre eux qui le pouvaient de travailler à distance et de préserver les liens entre amis, générations, voisins, collègues, sans lesquels le confinement à cette large échelle aurait été tout simplement insupportable.

La famille, tout d'un coup, s'est élargie au-delà des trois générations. Pourtant, ces plus grands utilisateurs des technologies modernes de communication, on l'a vu dans les réponses à notre questionnaire, ont souvent été critiques à leur égard : ils leur reprochent de renforcer l'individualisme et de placer toute relation à l'égide de la communication 2.0.

Dans *L'Amour et l'Amitié*, Allan Bloom note : « L'isolement, le sentiment de ne pouvoir établir un contact en profondeur avec d'autres êtres humains, telle est, semble-t-il, la maladie de notre temps[4]. » Si le maintien d'un lien au cours de la pandémie a été permis par les nouvelles technologies, leur artificialité a aussi été durement ressentie. Comme le résume le grand philosophe américain, « les gens aujourd'hui, et les jeunes sans doute tout particulièrement, réclament avec insistance un lien humain qui transcende l'isolement des égoïsmes et dans lequel penser à soi, c'est inséparablement penser à l'autre ». Ces réflexions, organisées autour du thème de l'amour peuvent éclairer les contradictions contemporaines entre le virtuel et le réel.

La valeur de la rencontre, du contact humain reprend toute sa place, écrit Daniel Cohen dans un éditorial du *Monde* très remarqué, alors que l'économie tend vers « une numérisation à outrance [...]. Et cette crise sanitaire apparaîtra peut-être rétrospectivement comme un moment de cette virtualisation du monde. Comme le point d'inflexion du passage du capitalisme industriel au capitalisme numérique et de son corollaire, l'effondrement des promesses humanistes de la société postindustrielle[5] ». Ou bien revalorisera-t-on le contact physique, le face-à-face, la voix, le toucher, c'est-à-dire les libertés fondamentales associées à la démocratie ? La crainte des effets délétères d'un capitalisme numérique prolonge les analyses, vieilles d'un demi-siècle, de Gérard Mendel, pour qui la crise des générations est principalement liée à une évolution technologique qui s'est retournée contre l'homme, « ruinant tout l'acquis culturel antérieur, dans un phénomène que l'on pourrait appeler d'acculturation technique à l'origine d'une frustration narcissique particulière[6] ».

Les conséquences du *malaise dans la civilisation numérique*, pour paraphraser Freud, mettent en danger la démocratie.

L'Europe n'apparaît pas davantage comme un recours. Plébiscitée pour la facilité qu'elle offre de voyager à l'intérieur de l'espace Schengen, elle a beaucoup déçu sur les autres sujets. Elle qui semblait recueillir tous les suffrages de la jeunesse pour mettre en place une politique écologique devient un objet de méfiance devant la crainte d'une sévère récession qui risque de faire le lit du populisme et des néonationalismes. La vision que les jeunes ont de l'Europe est en effet très différente de celle des quarantenaires : « Nous, nous voyions l'Europe comme une forteresse, qui accueillait de nouveaux pays de l'ancien bloc de l'Est – soit comme quelque chose qui allait s'imposer face à la mondialisation, écrit ainsi Thomas Porcher[7]. Or les jeunes interrogés ont vu la crise de 2018, et ses résultats : “Allons-nous devoir payer pour les Grecs ?” ; le Royaume-Uni qui préfère partir ; Orban en Hongrie, Salvini en Italie ; la crise migratoire, avec l'*Aquarius* que personne ne veut accueillir ; 18 millions de chômeurs dans la zone euro ; des Grecs, des Portugais, des Italiens, des Espagnols, des gens des Hauts-de-France ou du Grand Est plus pauvres aujourd'hui qu'avant la crise… Comment imaginer, du coup, que l'Europe pourrait les faire rêver ? »

La démocratie, déjà durement attaquée, survivra-t-elle entre leurs mains ? Une démocratie qu'il faut faire vivre au quotidien, et pas seulement dans le cadre de la politique. Dans les moments d'angoisse où chacun est concentré sur sa survie personnelle, face à un gouvernement dont la politique est jugée à l'aune de ses manquements, le recours autoritaire peut séduire. Un sondage récent réalisé par *Charlie Hebdo* montre que les jeunes paraissent moins attachés que leurs aînés à la liberté de conscience et d'expression[8]. Alors que la nécessité d'un État social, en France comme en Europe, a été rendue évidente, nos vingtenaires seront-ils les hommes et les femmes qui porteront et incarneront un renouveau de la démocratie ?

Lucides, prompts à réagir, engagés pour des combats de fond, généralement bien éduqués, dominant l'outil informatique, malgré la crise et peut-être en raison de l'urgence à la dépasser, trouveront-ils en eux les moyens de faire face aux défis ? Ne leur faudra-t-il pas lutter contre les démons et dérives de la civilisation numérique, et au contraire faire vivre ou revivre l'acquis des générations ? C'est aussi à l'éducation – celle de la famille, de l'institution scolaire et universitaire – qu'il revient de continuer de promouvoir l'usage de la raison et de la tolérance, de prôner l'universalité qui porte en elle la notion d'égalité, le souci et le respect de l'autre, en un mot de prolonger la dynamique philosophique et historique enclenchée par le mouvement des Lumières. Et c'est à cette condition que les jeunesses des années 2020 assureront la continuité du passé et du futur, construiront un monde commun et œuvreront comme chaînon vers le monde d'après.

Notes bibliographiques

INTRODUCTION
Les nouveaux vingtenaires à l'épreuve

1. AirBedandBreakfast.com est l'appellation originale du site, AirBed faisant référence à un matelas que l'on peut mettre dans le salon pour accueillir un visiteur de passage.
2. L'humanité a certes connu de graves épidémies tout au long de l'histoire et de bien pires (la peste, la grippe espagnole…), alors que la mondialisation n'était pas encore en vigueur. Toutefois, la spécificité de l'épidémie que nous vivons aujourd'hui réside dans la dimension planétaire de sa contagion, de l'information à son sujet et de ses conséquences économiques.
3. Jérôme Fourquet, *L'Archipel français. Naissance d'une nation multiple et divisée*, Paris, Seuil, 2019.
4. https://ese.urhaj-idf.fr/IMG/pdf/jeunesse_bourdieu.pdf.

CHAPITRE PREMIER
Un nouveau monde : les 17-22 ans

1. Nous remercions vivement Pascal Vallet, Julien Bernard (Nanterre), Christophe Capuano (Lyon-II, histoire), Christophe Giraud (Paris-Descartes) Jean-Marc Stebé et Elsa Martin (Nancy), Marie-Clémence Le Pape (Lyon-II, sciences sociales). Nous avons reçu au total 610 réponses ainsi réparties : Sciences Po = 132, Nanterre = 114 ; Lyon-II (histoire) = 40 ; Nancy = 104 ; Paris-Descartes = 160 ; Lyon-II (sociologie) = 66.
2. Marine Miller, « À l'université, des ateliers pour apaiser la "souffrance face à l'écrit" », *Le Monde*, 21 novembre 2019.
3. Le discours s'est fait connaître avant tout sous la forme de poèmes qui ont commencé à circuler dans les années 1950. La version suivante est une traduction de celle reconnue définitive par la Fondation Martin-Niemöller : « Quand les nazis sont venus

chercher les communistes, je n'ai rien dit, je n'étais pas communiste. / Quand ils ont enfermé les sociaux-démocrates, je n'ai rien dit, je n'étais pas social-démocrate. / Quand ils sont venus chercher les syndicalistes, je n'ai rien dit, je n'étais pas syndicaliste. / Quand ils sont venus me chercher, il ne restait plus personne pour protester. » Dans une autre version, le vers « Quand ils sont venus chercher les juifs, je n'ai rien dit, je n'étais pas juif » est inséré avant le vers final.

4. Nous avons reproduit la rédaction de ce jeune homme qui est – contrairement aux auteurs de cet ouvrage – un adepte de l'écriture inclusive.
5. Anna Stellinger, avec la collaboration de Raphaël Wintrebert (dir.), *Les Jeunesses face à leur avenir. Une enquête internationale*, Paris, Fondation pour l'innovation politique, enquête réalisée par Kairos Future, 2008.
6. Olivier Galland, « Les jeunes et la société : des visions contrastées de l'avenir », *in* Anna Stellinger, avec la collaboration de Raphaël Wintrebert (dir.), *Les Jeunesses face à leur avenir*, *op. cit.*, p. 25-55, citation p. 45-46.
7. Véronique Taquin, « Changer d'école ou réapprendre à lire ? Discours sur la réforme et finalités de l'école », le 12 novembre 2017 : http://skhole.fr/changer-d%E2%80%99e-cole%C2%A0ou-reapprendre-a-lire%C2%A0-discours-sur-la-reforme-et-finalites-de-l%E2%80%99ecole-par-veronique#_edn11.
8. Source : https://www.education.gouv.fr.
9. François Dubet et Marie Duru-Bellat, *Dix propositions pour changer d'école*, Paris, Seuil, 2015, citation p. 55.
10. *Entre les murs*, film de Laurent Cantet (2008), tiré de l'ouvrage éponyme de François Begaudeau paru aux Éditions verticales, 2006, puis Gallimard, « Folio », 2007.
11. Nelly Wolf, *Le Peuple à l'écrit. De Flaubert à Virginie Despentes*, Paris, Presses universitaires de Vincennes, 2019, citation p. 72.
12. *La Vie scolaire*, film réalisé par Grand Corps Malade et Mehdi Idir, 2019.
13. Daniel Cohen (dir.), *Une jeunesse difficile. Portrait économique et social de la jeunesse française*, Paris, Éditions ENS, Cepremap, 2007.
14. https://www.education.gouv.fr/cid54176/pisa-2015-l-evolution-des-acquis-des-eleves-de-15-ans-en-comprehension-de-l-ecrit-et-en-culture-mathematique.html.
15. Olivier Galland, *Les jeunes Français ont-ils raison d'avoir peur ?*, Paris, Armand Colin, 2009.
16. Marie Duru-Bellat, *L'Inflation scolaire. Les désillusions de la méritocratie*, Paris, Seuil, 2006.
17. Selon une enquête de la Dares, Claude Minni, Benédicte Galtier : https://dares.travail-emploi.gouv.fr/IMG/pdf/2017-016.pdf, mars 2017, n° 16.
18. Injep (Institut national de la jeunesse et de l'éducation populaire), *Les Chiffres clés de la jeunesse* : https://injep.fr/wp-content/uploads/2019/03/Chiffres-cles-Jeunesse-2019.pdf.
19. Nicolas Raffin, « Les jeunes sans emploi ni formation sont-ils vraiment des "oisifs" ? », *20 Minutes*, 21 janvier 2019, https://www.20minutes.fr/economie/2432219-20190121-jeunes-emploi-ni-formation-vraiment-oisifs.
20. https://www.banquedesterritoires.fr/en-france-pres-de-3-millions-de-jeunes-sont-sans-emploi-ni-en-enseignement-ou-en-formation.
21. Injep (Institut national de la jeunesse et de l'éducation populaire), *Les Chiffres clés de la jeunesse*, *op. cit.*

22. Insee, référence édition 2016, *Éclairage. Les jeunes et l'enseignement supérieur*, FPORSOC16j6_F2.6_jeunes.pdf.
23. On relèvera au passage le terme vieillot d'« œuvres », qui implique l'idée d'une action charitable.
24. Observatoire national de la vie étudiante, « Conditions de vie des étudiants 2016 », http://www.ove-national.education.fr/wp-content/uploads/2018/11/Fiche_activite_remuneree_CdV_2016.pdf.
25. https://www.lemonde.fr/les-decodeurs/article/2019/11/14/precarite-pres-de-20-des-etudiants-vivent-en-dessous-du-seuil-de-pauvrete_6019163_4355770.html.
26. Dominique Monchablon, citée par Mattea Battaglia et Camille Stromboni, « Précarité étudiante : “Les week-ends sont longs quand on ne sort pas de son studio” », *Le Monde*, 26 novembre 2019.
27. Soazig Le Nevé, « Le spectre du décrochage pèse sur les étudiants en licence », *Le Monde*, 18 avril 2020.
28. Cécile Van de Velde, *Devenir adulte. Sociologie comparée de la jeunesse en Europe*, Paris, PUF, 2008.
29. Nicolas Charles, Marie-Clémence Le Pape, Mickaël Portela, Élise Tenret, « Soutenir le jeune et son projet : les logiques éducatives parentales à l'épreuve de l'insertion professionnelle », *Revue française des affaires sociales*, n° 2, La Documentation française, 2019, p. 119-142, citation p. 121. L'article s'appuie sur une post-enquête qualitative à l'enquête par questionnaire sur les ressources des jeunes (ENRJ). L'ENRJ a été menée sur tout le territoire national par la DREES et l'Insee entre octobre et décembre 2014, afin de décrire les ressources et les conditions de vie des jeunes adultes âgés de 18 à 24 ans en France, à partir de leurs propres réponses et de celles de leurs parents.
30. *Ibid.*, p. 138.
31. Karl Mannheim, *Le Problème des générations* (1928), traduction de Gérard Mauger, Paris, Nathan, 1990.
32. Claudine Attias-Donfut, *Sociologie des générations*, Paris, PUF, 1988.
33. Olivier Galland, *Les jeunes Français ont-ils raison d'avoir peur ?*, *op. cit.*
34. Maurice Agulhon, « La fabrication de la France, problèmes et controverses », *in* Martine Segalen (dir.), *L'Autre et le Semblable*, Paris, Presses du CNRS, 1989.
35. Olivier Galland, *Les jeunes Français ont-ils raison d'avoir peur ?*, *op. cit.*, p. 124-125.

CHAPITRE DEUX

Les trois générations du XXe siècle

1. Marguerite Yourcenar, *Archives du Nord*, Paris, Gallimard, 1977, p. 140-141.
2. Natalie Z. Davies, « La règle à l'envers », chapitre 4 des *Cultures du peuple. Rituels, savoirs et résistances au XVIe siècle*, Paris, Aubier-Montaigne, 1979, citation p. 171.
3. Pascale Goetschel et Emmanuelle Loyer, *Histoire culturelle de la France. De la Belle Époque à nos jours*, Paris, Armand Colin, 5e édition, 2018.
4. Guy Basile, « La chanson et la musique des rues », *Ethnologie française*, 1999, 1 (XXIX), p. 9-22.
5. Edgar Morin, *Commune en France : la métamorphose de Plodémet*, Paris, Fayard, 1971.

6. Pascale Goetschel et Emmanuelle Loyer, *Histoire culturelle de la France*, *op. cit.*, citation p. 196.
7. Olivier Galland, *Sociologie de la jeunesse. L'Entrée dans la vie*, Paris, Armand Colin, 1991, p. 51.
8. Claudine Attias-Donfut, Nicole Lapierre, Martine Segalen, *Le Nouvel Esprit de famille*, Paris, Odile Jacob, 2002. Rappelons que cette enquête qualitative était fondée sur un échantillon de familles tiré d'une vaste enquête réalisée en France, auprès de familles à trois générations adultes, ne vivant pas sous le même toit, sauf exception ; cette enquête avait pour but d'évaluer les différentes relations et formes d'entraide que chaque génération établit avec les deux autres, ainsi que les transmissions, matérielles et culturelles. Elle a été menée auprès d'un représentant de chaque génération d'une même famille et 2 000 lignées ont été enquêtées, soit environ 5 000 personnes, compte tenu des non-réponses. La construction de l'échantillon permettait de délimiter trois générations, cumulant les définitions de familiales (de par leur filiation), sociales (par leur homogénéité d'âge, donc de cohortes de naissance) et économiques (jeunes en formation ou à l'entrée de la vie active, personnes en activité et retraitées, appelés aussi générations du *welfare*) : la génération pivot représentée par les 49-53 ans (en pleine vie active), ses parents âgés de 70 ans et plus (généralement à la retraite) et ses enfants de 18 ans et plus, eux-mêmes parfois parents de jeunes enfants.
9. *Tanguy*, film d'Étienne Chatiliez, 2001.
10. François Dubet, *La Galère. Jeunes en survie*, Paris, Fayard, 1986.
11. Dans cette enquête, 5 000 personnes ont été interrogées, représentant 1 500 familles ; la génération G1 est composée de personnes âgés de 72 à 82 ans (en moyenne 77 ans) ; la génération G2 sur laquelle est basé l'échantillon est composée de personnes nées entre 1939 et 1943 ; leurs enfants, qui constituent la génération G3, avaient de 19 à 29 ans et, pour ceux qui avaient des enfants, ces derniers avaient en moyenne 6 ans.
12. Claudine Attias-Donfut et François-Charles Wolff, « Generational memory and family relationships », *in* Malcolm L. Johnson (dir.), *The Cambridge Handbook of Age and Ageing*, New York, Cambridge University Press, 2005, p. 443-454.
13. Le graphique indique le taux des réponses données par chacune des générations et non le nombre de personnes qui se sont exprimées, qui serait bien plus élevé, chaque personne ayant cité plusieurs faits marquants. Par exemple, alors que 100 % de la génération G1 a cité la Première Guerre mondiale, cela ne représente qu'un tiers des événements cités au total. Exemple de lecture : 34 % des réponses de G1 portent sur la Seconde Guerre mondiale et 6 % sur l'avènement de la Sécurité sociale ; 16 % des réponses de G2 concernent les mouvements de 1968 et 13 % la guerre d'Algérie ; les questions écologiques représentent 1,8 % des réponses de G3, 0,9 % de celles de G2 et 0,4 % de celles de G1.
14. Sous la direction de Dominique Reynié, la Fondation pour l'innovation politique (www.fondapol.org) et la Fondation pour la mémoire de la Shoah (www.fondapol-shoah.org) ont réalisé une étude internationale inédite auprès des nouvelles générations qui donne à voir la mémoire et les perceptions de la jeunesse sur les événements majeurs du XXe siècle comme ceux du XXIe siècle. Ce sont 31 172 jeunes de 16 à 29 ans qui ont été interrogés, en 24 langues différentes, dans 31 pays : Allemagne, Australie, Autriche, Belgique, Canada, Chine, Croatie, Danemark, Espagne, Estonie,

États-Unis, Finlande, France, Grèce, Hongrie, Inde, Israël, Italie, Japon, Lettonie, Lituanie, Pays-Bas, Pologne, République tchèque, Roumanie, Royaume-Uni, Russie, Serbie, Suisse, Turquie et Ukraine.
15. Eugene Litwak, Heather Moulton, Dorothy-Jones Jessop, « Parcours de vie, alliances et conflits intergénérationnels », *Retraite et société*, 2002, 35, p. 20-47.
16. Jean-Michel Hourriez, « Le profil du niveau de vie selon l'âge. Évolutions passées et futures », *Conseil d'orientation des retraites (COR), Les rapports de générations, Actes du colloque*, 4 décembre 2018.
17. Hippolyte d'Albis et Ikpidi Badji, « Les inégalités de niveaux de vie entre les générations en France », *Économie et statistique*, 2017, 491-492, p. 77-97. Source : les enquêtes *Budgets de Famille* menées par l'Insee entre 1979 et 2010.
18. Ronald Inglehart, *Modernization and Postmodernization : Cultural, Economic and Political Change in 43 Societies*, Princeton, Princeton University Press, 1997.
19. Les indicateurs dans les enquêtes étant le choix, par les personnes, des priorités suivantes : maintien de l'ordre, croissance économique, lutte contre la hausse des prix.
20. Margaret Mead, *Le Fossé des générations*, Paris, Denoël, 1970.
21. Jean-Pierre Le Goff, *La Gauche à l'agonie ? 1968-2017*, Paris, Perrin, 2017, citation p. 219.
22. Claudine Attias-Donfut, « Mutations des liens entre générations. Du fossé au désenchaînement », *in* Thierry Blöss et Isabelle Blöss-Widmer (dir.), *Penser le vieillissement en Méditerranée. Données, processus et liens sociaux*, Paris, Karthala, 2019.

CHAPITRE TROIS

La famille des vingtenaires au prisme des générations

1. Jack Goody, « Préface », *in* André Burguière, Christiane Klapisch-Zuber, Martine Segalen et Françoise Zonabend (dir.), *Histoire de la famille*, tome 3. *Le Choc des modernités*, Paris, Le Livre de poche, 1986, p. 7-17.
2. Ulrich Beck, Elizabeth Beck-Gernsheim, *Individualization*, Londres, Sage, 2002.
3. Dans son scénario dit « central » de projection démographique, l'Insee applique aux années futures les évolutions actuelles. En 2070, dans cette hypothèse, l'espérance de vie à la naissance atteindrait 93 ans pour les femmes et 90 ans pour les hommes.
4. Selon l'Insee, au 1er janvier 2016, 21 000 centenaires vivent en France : c'est près de vingt fois plus qu'en 1970. En 2070, 13 % des femmes et 5 % des hommes nés en 1970 atteindraient leur centième anniversaire. Si les tendances actuelles se prolongent, la France pourrait compter à cette date 270 000 centenaires, soit treize fois plus qu'aujourd'hui.
5. Vern Bengtson, « Beyond the nuclear family : The increasing importance of multigenerational bonds », *Journal of Marriage and Family*, 2001, 63 (1), p. 1-6.
6. La première vague s'est déroulée en 2004 avec 11 pays participants (Allemagne, Autriche, Belgique, Danemark, France, Grèce, Italie, Pays-Bas, Espagne, Suède et Suisse) ; la seconde vague en 2006-2007 a inclus 3 pays de plus : la République tchèque, l'Irlande et la Pologne ; à la troisième, démarrée en 2008-2009, la Slovénie s'est jointe pour une enquête auprès de 13 pays visant à recueillir des histoires de

vie rétrospectives. Enquête pluridisciplinaire, elle cherche à aborder la dynamique du phénomène du vieillissement. Une nouvelle vague était en cours en 2017. Deux volumes de la revue *Retraite et société* présentent des résultats de SHARE : n° 57 et n° 58, 2009.

7. Patrick Heady et Martin Kohli (dir.), *Family, Kinship and State in Contemporary Europe*, vol. III : *Perspectives on Theory and Policy*, Frankfort-New York, Campus, 2010.
8. Claudine Attias-Donfut, Jim Ogg, François-Charles Wolff, « Evolution of social support », *in* Axel Börsch-Supan *et al.* (dir.), *Health, Aging and Retirement in Europe. First Results from SHARE*, Mannheim, Mannheim Research Institute for the Economics of Ageing, 2006, p. 174-181.
9. Avec des données à la fois quantitatives et qualitatives (issues des terrains ethnographiques menés dans le cadre de KASS), les résultats sont généralement concordants.
10. Martin Kohli, Marco Albertini, Harald Künemund, « Linkages among adult family generations : Evidence from comparative survey research », *in* Patrick Heady, Martin Kohli (dir.), *Family, Kinship and State in Contemporary Europe*, *op. cit.*, p. 223-248, citation p. 234.
11. Françoise Bloch et Monique Buisson, « Du don à la dette : la construction du lien social familial », *Revue du MAUSS*, 1991, 11, p. 54-71.
12. Charles Malamoud, « La théologie de la dette dans le brahmanisme », *Purusharta*, 1980, 4, p. 48.
13. Christian Lalive d'Épinay *et al.*, *Vieillesses au fil du temps : 1979-1994, une révolution tranquille*, Lausanne, Réalités sociales, 2000.
14. Insee Première, « Les aides apportées par les proches », n° 1498, mai 2014.
15. François-Charles Wolff et Claudine Attias-Donfut, « L'impact des transferts générationnels reçus sur le logement », *Revue française des affaires sociales*, 2005, 4, p. 133-159.
16. David Cooper, *Mort de la famille*, Paris, Seuil, 1972.
17. Louis Roussel, *La Famille incertaine*, Paris, Odile Jacob, 1989.
18. Martine Segalen et Agnès Martial, *Sociologie de la famille*, Paris, Armand Colin, 9e édition, 2019.
19. Bob Simpson, « Bringing "unclear family" into focus : Divorce and re-marriage in Contemporary Britain », *Man*, 1994, 29, p. 831-851.
20. Claudine Attias-Donfut et Martine Segalen, *Grands-parents, La famille à travers les générations*, Paris, Odile Jacob, 2e édition, 2014.
21. *Une belle équipe*, film de Mohamed Hamidi, 2020.
22. Marie Buscatto et Anne Monjaret, « Jouer et déjouer le genre en arts », *Ethnologie française* 2016, 1 (161), p. 13-20.
23. Martine Segalen, *À qui appartiennent les enfants ?*, Paris, Tallandier, 2010.
24. François de Singly, *Comment aider l'enfant à devenir lui-même ?*, Paris, Armand Colin, 2009.
25. Norbert Elias, *La Société des individus*, Paris, Fayard, 1991.
26. *In* Karl Mannheim, *Le Problème des générations* (1928), traduction de Gérard Mauger, Paris, Nathan, 1990. Sociologue et philosophe né à Budapest, installé en Allemagne, puis exilé en Angleterre en raison de ses origines juives, Mannheim écrit (p. 34) : « Ce qui intéresse Pinder avant tout dans le phénomène des générations, c'est *la non-contemporanéité de la contemporanéité.* Dans le même temps chronologique vivent

des générations différentes. Mais puisque le temps vécu est le seul temps réel, en fait elles vivent toutes dans un temps intérieur complètement différent d'un point de vue qualitatif. »

27. Jean-Michel Normand, « L'humour au second degré fait-il encore rire ? », *Le Monde*, 29-30 décembre 2019.
28. Philippe Meirieu, « Transmission », *in* David Le Breton et Daniel Marcelli (dir.), *Dictionnaire de l'adolescence et de la jeunesse*, Paris, PUF, p. 852-857.
29. Hannah Arendt, *La Crise de la culture*, Paris, Gallimard, « Folio », 1972.

CHAPITRE QUATRE
Une génération horizontale

1. Selon une enquête auprès de 1 011 parents par l'institut de sondage GECE, « La digitalisation de la vie familiale. Parents, enfants, écrans, sondage », mars 2019.
2. Eirik Prairat, « L'érosion de l'autorité professorale est à lire à l'aune de l'importance qu'a pris le présent dans nos sociétés », *Le Monde*, 29 octobre 2018.
3. Myriam Revault d'Allonnes, *Le Pouvoir des commencements. Essai sur l'autorité*, Paris, Seuil, 2006.
4. Séance solennelle de l'Académie « Les nouveaux défis de l'éducation », mardi 1er mars 2011 : http://forumfrancas2012.fr/wp-content/uploads/2012/06/Michel-serres-Petite-poucette.pdf, repris dans Michel Serres, *Petite Poucette*, Le Pommier, « Manifestes », 2012.
5. Agnès Lambert, « Quelle carte bancaire pour votre ado ? », *Le Monde*, 8 juin 2019.
6. https://sites.google.com/site/ecolerepublicaine/premiere-partie-autopsie-du-grand-corps-malade/chapitre-i---3-crise-de-l-autorite-crise-de-la-transmission.
7. Dominique Cardon, « Du lien au *like* sur Internet. Deux mesures de la réputation », *Communications*, 2013, 2 (93), p. 173-186, citation p. 174.
8. *Ibid.*, p. 183.
9. Hannah Arendt, *La Crise de la culture*, *op. cit.*, citation p. 239.
10. *Ibid.*, p. 241.
11. Bernard Stiegler, *Prendre soin, de la jeunesse et des générations*, Paris, Flammarion, 2008.
12. Pascale Kremer, « Le stylo, symbole d'une écriture en voie de disparition », *Le Monde*, 30 août 2019, citant Jean-Luc Velay, « Manuscrite ou numérique : peut-on choisir entre différentes formes d'écriture ? », http://www.cnesco.fr/wp-content/uploads/2018/04/CCEcrits_note_Velay.pdf.
13. « *Teen* » en référence à l'âge de ces jeunes en anglais, de *thirteen* à *eighteen*.
14. Dominique Pasquier, *La Culture des sentiments. L'expérience télévisuelle des adolescents*, Paris, Éditions de la MSH, 1999.
15. Iris Brey, *Sex and the Series*, Paris, L'Olivier, 2018.
16. Audrey Fournier, « "Sex Education", "Homeland", "Le Bureau des légendes"... Les séries attendues en 2020 », *Le Monde*, 21 août 2019.
17. Solène Cordier, « Non-binaire, "gender fluid", trans... des ados "ni tout à fait filles ni tout à fait garçons" », *Le Monde*, 8 juin 2019.
18. *Ibid.*

19. https://www.observatoire-des-transidentites.com.
20. Claudine Attias-Donfut, « Mutations des liens entre générations. Du fossé au désenchaînement », *in* Thierry Blöss et Isabelle Blöss-Widmer (dir.), *Penser le vieillissement en Méditerranée*, *op. cit.*

CHAPITRE CINQ

Une génération qui innove

1. Michel Houellebecq, *Sérotonine* Paris, Flammarion, 2019, citation p. 178-179.
2. Olivier Donnat, « Les pratiques culturelles à l'heure du numérique », *L'Observatoire*, 2010/2, 37, p. 18-24.
3. *Ibid.*, p. 24.
4. *Ibid.*
5. Claire Hannecart, avec l'appui de Nicolas Crussion et Hélène Fourrage, *Rapport des jeunes à la musique à l'ère numérique. Synthèse de l'enquête menée en pays de la Loire*, 2015, https://lepole.asso.fr/article/399/etude-jeunes-musique-a-lere-numerique.
6. Karim Hammou, *Une histoire du rap en France*, Paris, La Découverte, 2012.
7. Pascal Lardellier, « Skyrock 3 radios jeunes », *in* David Le Breton et Daniel Marcelli (dir.), *Dictionnaire de l'adolescence et de la jeunesse*, *op. cit.*, p. 790-791.
8. Karim Hammou, *Une histoire du rap en France*, *op. cit.*, p. 13.
9. Christian Béthune, « Rap », *in* David Le Breton et Daniel Marcelli (dir.), *Dictionnaire de l'adolescence et de la jeunesse*, *op. cit.*, p. 684-687.
10. Ce dispositif semble actuellement en cours de redéfinition.
11. https://lepole.asso.fr/article/399/etude-jeunes-musique-a-lere-numerique.
12. David Le Breton, *Anthropologie du corps et de la modernité*, Paris, PUF, « Quadrige », 2008.
13. *Bulletin épidémiologique hebdomadaire*, 3-4, 5 février 2019.
14. https://www.alcoolassistance.net/les-rites-dalcoolisation.
15. https://www.alcoolassistance.net/la-consommation-drogues-en-france.
16. Juliette Garnier, « En France, l'irrésistible essor des sites de vente de mode en ligne », *Le Monde*, 24 septembre 2019.
17. Robert N. Butler, « Thoughts on aging », *American Journal of Psychiatry*, 1978, 135, p. 14-16.
18. Michel Bozon, *Sociologie de la sexualité*, Paris, Nathan, 2002.
19. Michel Bozon, « À quel âge les femmes et les hommes commencent-ils leur vie sexuelle ? Comparaisons mondiales et évolutions récentes », *Population et sociétés*, juin 2003, n° 391.
20. Janine Mossuz-Lavau, *La Vie sexuelle en France. Une enquête inédite : des hommes et des femmes racontent comment ils font l'amour aujourd'hui*, Paris, La Martinière, 2002 et 2018.
21. Hugues Lagrange, Brigitte Lhomond (dir.), *L'Entrée dans la sexualité. Le comportement des jeunes dans le contexte du sida*, Paris, La Découverte, 1997, p. 181.
22. Christophe Giraud, *L'Amour réaliste. La nouvelle expérience amoureuse des jeunes femmes*, Paris, Armand Colin, 2017.

23. *Ibid.*, p. 11.
24. Marie Bergström, *Les Nouvelles Lois de l'amour. Sexualité, couple et rencontres au temps du numérique*, Paris, La Découverte, 2019.
25. Marie Bergström, « Nouveaux scénarios et pratiques sexuels chez les jeunes utilisateurs de sites de rencontre », *Agora, débats/jeunesse*, 2012, 60 (1), p. 107-119, citation p. 117.
26. Jean-Claude Kaufmann, *Premier matin*, Paris, Nathan, 2002.
27. Selon l'enquête de Nicolas Charles, Marie-Clémence Le Pape, Mickaël Portela, Élise Tenret, « Soutenir le jeune et son projet : les logiques éducatives parentales à l'épreuve de l'insertion professionnelle », art. cit., p. 119-142.
28. Sandrine Fournier, « Pour les jeunes, le sida, c'est une maladie de vieux », *Le Monde*, 1er décembre 2019. Voir aussi https://www.santepubliquefrance.fr/maladies-et-traumatismes/infections-sexuellement-transmissibles/vih-sida.
29. Lucie Hovhannessian, *Presque comme les autres. Ma vie de jeune séropositive*, Paris, Robert Laffont, 2018.
30. Voir EMLV (École de management Léonard de Vinci à Paris-La Défense), revue *Personnel*, 2015, 563, publiée par l'Association des directeurs de ressources humaines (ANDRH).
31. Dominique Epiphane et Emmanuel Sulzer, « Les jeunes et le travail : des aspirations fortes dans des modèles sociaux différents », *in* Anna Stellinger, avec la collaboration de Raphaël Wintrebert (dir.), *Les Jeunesses face à leur avenir*, *op. cit.*, p. 56-78, citation p. 76.
32. https://www.journaldunet.com/management/expert/58304/culture---y-----des-valeurs-qui-impactent-les-relations-de-travail-au-dela-de-la-generation---y.shtml.
33. Laure Belot, interview de Philippe Mustar, professeur à Mines ParisTech-PSL, « La création d'entreprises par les jeunes diplômés est un mouvement mondial », *Le Monde*, 13 novembre 2019.
34. Philippe Mustar, Mike Wright et Don Spiegel, *Student Start-Ups : The New Landscape of Academic Entrepreneurship*, World Scientific, 2019.
35. Léa Iribarnegaray, interview d'Olivia Chambard, « On veut former tous les étudiants à l'esprit d'entreprendre », *Le Monde*, 14 novembre 2019.
36. Rahma Adjadj, « Chez les étudiants en design, les grandes marques font moins rêver », *Le Monde*, 7 décembre 2019.
37. « Les jeunes face aux nouvelles formes d'emploi », *Famille et éducation*, mai-juin 2019, n° 527.
38. https://lesnouveauxtravailleurs.fr/definition-slasheur.
39. Arnaud Gonzague, « Êtes-vous pro- ou anti-Thunberg ? », *L'Obs*, 12 décembre 2019, n° 2875.
40. Jean-Michel Normand, citant les sociologues Anne Muxel et Monique Dagnaud, « La posture de la jeune génération est morale et va au-delà de la question de l'environnement », *Le Monde*, 17-18 novembre 2019.
41. Cédric Klapisch, *L'Auberge espagnole*, film de 2002.
42. Vincenzo Cicchelli et Sylvie Octobre, « L'imaginaire des jeunes : la fin de l'empire américain », *Telos*, 8 janvier 2018, https://www.telos-eu.com/fr/societe/imaginaire-des-jeunes-la-fin-de-lempire-americain.html.
43. Frédéric Potet, « Le confinement à plusieurs », *Le Monde*, dimanche 5-lundi 6 avril 2020.

44. Jean-Laurent Cassely et Jérôme Fourquet, « L'exode sanitaire : nouvelle manifestation de la sécession des catégories supérieures », Fondation Jean Jaurès, 27 mars 2020, https://jean-jaures.org/nos-productions/l-exode-sanitaire-nouvelle-manifestation-de-la-secession-des-categories-superieures ; Léa Iribarnegaray, « Le retour forcé à la vie de famille des étudiants », *Le Monde*, 8 avril 2020.
45. Luce Iribarnegaray, « Les jeunes ont perdu confiance », *Le Monde*, 18 juin 2020.
46. Anne Lambert citée par Martine Segalen, *À qui appartiennent les enfants ?*, *op. cit.*
47. Au début du xxe siècle, dans les classes populaires, à la campagne ou dans les mines, les enfants étaient des travailleurs qui devaient contribuer aux ressources de la famille. C'est encore le cas dans de nombreuses sociétés à travers le monde.
48. André Masson, « Le patrimoine entre les générations : enjeux actuels et propositions de réformes », *in Les Rapports entre générations*, actes du colloque 2018 du Conseil d'orientation des retraites (COR), 2018, p. 47-55.

CHAPITRE SIX

Descendants d'immigrés

1. Mohammed Mazouz, « Les nouvelles formes d'expression des jeunes issus de l'immigration en France », *Revue internationale des sciences sociales*, 1985, n° 106, La Jeunesse, p. 575-585.
2. Claudine Attias-Donfut et François-Charles Wolff, *Le Destin des enfants d'immigrés*, Paris, Stock, 2009.
3. Pour une juste comparaison, il faudrait comparer les enfants d'ouvriers aux enfants d'immigrés ouvriers, les enfants de cadres aux enfants d'immigrés cadres, etc., c'est-à-dire tenir compte d'un fait bien établi, celui du poids déterminant de la catégorie professionnelle des parents sur le niveau d'études et de qualification des enfants.
4. Claudine Attias-Donfut et François-Charles Wolff, *Le Destin des enfants d'immigrés*, *op. cit.*
5. Christian Baudelot et Roger Establet, *Allez les filles !*, Paris, Seuil, 1992.
6. Ce qu'indiquent les déclarations des parents concernant la « réussite sociale de leurs enfants », mesurant la « mobilité subjective ».
7. Michèle Tribalat, *Faire France. Une enquête sur les immigrés et leurs enfants*, Paris, La Découverte, 1995.
8. Béate Collet et Emmanuelle Santelli, *Couples d'ici, parents d'ailleurs. Parcours de descendants d'immigrés*, Paris, PUF, 2012.
9. Nelly Wolf, *Le Peuple à l'écrit. De Flaubert à Virginie Despentes*, *op. cit.*
10. Baptiste Coulmont et Patrick Simon, « Quels prénoms les immigrés donnent-ils à leurs enfants en France ? », *Population et sociétés*, avril 2019, n° 565.
11. Baptiste Coulmont, « Emna », *Le Monde*, 25-26 janvier 2020.
12. Jérôme Fourquet, *L'Archipel français*, *op. cit.*
13. Marcel Gauchet, *Un monde désenchanté*, Paris, Éditions de l'Atelier-Éditions ouvrières, 2004.

14. Claudine Attias-Donfut, « Rapports de générations », *Revue française de sociologie*, 2000, 41 (1), p. 643-684, citation p. 655.
15. Claudine Attias-Donfut (dir.), *L'Enracinement*, Paris, Armand Colin, 2006.
16. Stéphane Beaud et Olivier Masclet, « Des "marcheurs" de 1983 aux "émeutiers" de 2005. Deux générations sociales d'enfants d'immigrés », *Annales ESC*, 2006/4, p. 809-843.
17. Olivier Galland et Anne Muxel (dir.), *La Tentation radicale. Enquête auprès des lycéens*, Paris, PUF, 2018.
18. Gérard Noiriel, *Le Creuset français. Histoire de l'immigration, XIXe-XXe siècles*, Paris, Seuil, 1988 ; rééd. « Points histoire », 1992.

CHAPITRE SEPT

Jeunes des « cités »

1. Colette Pétonnet, *Ces gens-là*, Paris, Maspero, 1968 ; 2e édition, Paris, CNRS, 2017.
2. Claude Grignon et Jean-Claude Passeron, *Le Savant et le Populaire. Misérabilisme et populisme en sociologie et en littérature*, Paris, Seuil, 1989.
3. Bernard Lahire, *Pour la sociologie. Et pour en finir avec une prétendue « culture de l'excuse »*, Paris, La Découverte, 2016.
4. Stéphanie Rubi, « Des filles et des quartiers. Regard sociologique sur les conduites déviantes des adolescentes des territoires marginalisés », *in* Carine Guérandel et Éric Marlière (dir.), *Filles et garçons des cités d'aujourd'hui*, Villeneuve-d'Ascq, Presses universitaires du Septentrion, 2017, p. 129-146, citation p. 137.
5. Carine Guérandel et Éric Marlière (dir.), *Filles et garçons des cités d'aujourd'hui*, *op. cit.*
6. Emmanuel Brenner (dir.), *Les Territoires perdus de la République*, Paris, Fayard, 2002 ; 2e édition, Paris, Pluriel, 2015.
7. Stéphane Beaud et Olivier Masclet, « Des "marcheurs" de 1983 aux "émeutiers" de 2005. Deux générations sociales d'enfants d'immigrés », art. cit., citation p. 812.
8. *Ibid.*, citation p. 827.
9. *Ibid.*, citation p. 827-828.
10. Denis Salas, Laurent Mucchielli et Marwan Mohammed, « Violences urbaines », *in* David Le Breton et Daniel Marcelli (dir.), *Dictionnaire de l'adolescence et de la jeunesse*, *op. cit.*, p. 884-887.
11. Didier Lapeyronnie, *Ghetto urbain. Ségrégation, violence, pauvreté en France aujourd'hui*, Paris, Robert Laffont, 2008.
12. *Les Misérables*, film réalisé par Ladj Ly (2019), écho à *La Haine* de Mathieu Kassovitz (1995), vingt-cinq ans après.
13. Carine Guérandel et Éric Marlière (dir.), *Filles et garçons des cités d'aujourd'hui*, *op. cit.*
14. Stéphane Beaud et Olivier Masclet, « Des "marcheurs" de 1983 aux "émeutiers" de 2005. Deux générations sociales d'enfants d'immigrés », art. cit., citation p. 822-823.
15. Catherine Delcroix, « Rôles joués par les médiatrices socioculturelles au sein du développement local et urbain », *Espaces et sociétés*, septembre 1996, 84-85, p. 153-175.

16. Pauline Beunardeau, « Quand les filles emploient la force. Les effets de l'oppression masculine en contexte populaire », *in* Carine Guérandel et Éric Marlière (dir.), *Filles et garçons des cités d'aujourd'hui*, *op. cit.*, citation p. 53.
17. Carine Guérandel, « L'intégration par les sport dans les "cités" : des politiques genrées et racisées », *in* Carine Guérandel et Éric Marlière (dir.), *Filles et garçons des cités d'aujourd'hui*, *op. cit.*, citation p. 125.
18. Stéphanie Rubi, « Des filles et des quartiers. Regard sociologique sur les conduites déviantes des adolescentes des territoires marginalisés », art. cit.
19. Fabien Truong, *Jeunesses françaises, bac +5*, Paris, La Découverte, 2015.
20. Benoît Coquard, *Que sait-on des jeunes ruraux ? Revue de littérature*, Paris, INJEP, mars 2015.
21. *Ibid.*, p. 32.

CHAPITRE HUIT
Une génération saisie par le terrorisme ?

1. Fondapol, *Les Attentats islamistes dans le monde, 1979-2019*, Paris, Gallimard, « Folio », 2019.
2. Fondapol, http://data.fondapol.org/?s=attentats+islamistes&lang=fr.
3. Aux États-Unis, pour les attentats du 11 Septembre, on dénombre cinq fois plus de blessés (16 493) que de morts (3 001) ; en France, lors des attentats du 13 novembre 2015, il y a eu trois fois plus de blessés (413) que de morts (137) ; à Nice, lors de l'attentat du 14 juillet 2016, il y a eu cinq fois plus de blessés (458) que de personnes tuées (87).
4. Éric Marlière, « Les radicalisé(e)s : des parcours multiples aux convergences », *in* Manuel Boucher (dir.), *Radicalités identitaires*, Paris, L'Harmattan, 2020, p. 45-66. Voir aussi Jean-Pierre Obin, *Comment on a laissé l'islamisme pénétrer l'école*, Paris, Éditions Hermann, 2020.
5. Farhad Khosrokhavar, « Les acteurs djihadistes et la question sociale » *in* Manuel Boucher (dir.), *Radicalités identitaires*, *op. cit.*, p. 67-87.
6. Régis Pierret, « La radicalisation : entre protection des jeunes mineurs et surexposition des jeunes majeurs », *in* Manuel Boucher (dir.), *Radicalités identitaires*, *op. cit.*, p. 325-347.
7. Bernard Rougier (dir.), *Les Territoires conquis de l'islamisme*, Paris, PUF, 2020.
8. Bernard Rougier, « De l'Orient à l'Europe : islamismes et djihadismes en France », *in* Bernard Rougier (dir.), *Les Territoires conquis de l'islamisme*, *op. cit.*, p. 19-45, citation p. 31.
9. Hugo Micheron, *Le Djihadisme français*, Paris, Gallimard, 2020.
10. Jean-Marie Petitclerc, *Prévenir la radicalisation des jeunes*, Paris, Salvator, 2017, citation p. 7.
11. Audition de Bernard Rougier à la commission parlementaire d'enquête CE sur la radicalisation et les moyens de la combattre, 17 décembre 2019.
12. Sur le principe de laïcité, voir chapitre 10, section 1 du manuel de *Libertés publiques* de Roseline Letteron, paru en 2019.

13. Céline Pina, « Affaire Mila : prétend-on créer un délit de blasphème dans le droit pénal français ? », *Le Figaro,* 28 janvier 2020.
14. Retracée par Hugo Micheron, « Toulouse : la machine de prédication, ou la fabrication sociale du djihadisme », *in* Bernard Rougier (dir.), *Les Territoires conquis de l'islamisme, op. cit.*, p. 225-252.
15. *Revenantes*, film documentaire de Marion Stalens, 2004.
16. Zohra Harrach N'Diaye, tribune parue dans *Slate.fr*, 22 juin 2018.
17. Amélie Chelly, *Djihadistes européens : anatomie des radicalisations*, Paris, Éditions du Cerf, 2018.
18. http://www.sauvegarde93.fr.
19. David Le Breton, « Le djihadisme comme rite de virilité », *in Jeunes et djihadisme. Les conversions interdites,* Québec, Presses de l'Université de Laval-Chronique sociale, 2016, p. 75-113.
20. Fabien Truong, *Loyautés radicales. L'islam et les « mauvais garçons » de la Nation*, Paris, La Découverte, 2017. Ce terme a été forgé en référence au concept psychodynamique de « conflits de loyauté ».
21. La mention de « croisés », que l'on trouve souvent parmi ces islamistes pour désigner l'ennemi en référence à l'époque des croisades, est significative de la projection de leurs propres croisades.
22. Olivier Roy, « Une révolte générationnelle et nihiliste », *Le Monde*, 23 novembre 2015.
23. Olivier Galland et Anne Muxel, *La Tentation radicale. Enquête auprès des lycéens, op. cit.*
24. *Ibid.*, citation p. 38.
25. *Ibid.*, citation p. 58.
26. *Ibid.*, citation p. 65.
27. Les nombreuses autres religions pratiquées en France, judaïsme, bouddhisme, hindouisme, sikhisme, bahaïsme, etc., sont trop minoritaires pour être représentées de façon significative dans une enquête statistique.
28. Un mauvais procès a été fait à cette enquête au vu de ces résultats, sous prétexte qu'ils seraient source de discrimination envers les musulmans, ce qui est tout à fait étranger à ce travail rigoureux et objectif.
29. Olivier Galland et Anne Muxel, *La Tentation radicale. Enquête auprès des lycéens, op. cit.*, citation p. 65.
30. Jocelyn Lachance, « Le terrorisme en images. Les adolescents sont-ils des victimes ? », *in Jeunes et djihadisme. Les conversions interdites*, *op. cit.*, citations p. 186 et p. 195.
31. Cornelius Castoriadis, *La Montée de l'insignifiance*, Paris, Seuil, 1996.
32. Émile Durkheim, *Les Formes élémentaires de la vie religieuse* [1912], Paris, PUF, 2003.
33. Émile Durkheim, « La nature du sacré », *Textes. 2 : Religion, morale, anomie* [1913], Paris, Minuit, 1975, p. 24-25.

CHAPITRE NEUF

Une génération sans concession

1. Stéphanie Roza, *La Gauche contre les Lumières*, Paris, Fayard, 2020.
2. Charles Coutel, « La crise de l'institution universitaire et les causes de l'entrisme obscurantiste », intervention au colloque *Pour l'universalisme*, organisé par le comité « Laïcité et Féminisme » avec « Vigilance.universités » et « Comité laïcité République », Lille, 1er février 2020.
3. Pierre Pachet, *Autobiographie de mon père*, Paris, Autrement, 1994, citation p. 8.
4. Paul Ricœur, *Temps et récit*, 3 vol., Paris, Seuil, 1983-1985.
5. Olivier Abel, « La dialectique de la mémoire et de l'histoire », *Revue de la BNF*, 2015/3, 51, p. 7-13.
6. Benjamin Stora, *Histoire de l'Algérie coloniale (1830-1954)*, Paris, La Découverte, « Repère », 2004.
7. Marc Ferro, « L'histoire des autres à l'école », *in La Transmission. Le genre humain*, 1982, 3-4, p. 221-226.
8. Houria Bouteldja, *Les Blancs, les Juifs et nous*, Paris, La Fabrique éditions, 2016.
9. Clément Ghys, « La dérive identitaire de Houria Bouteldja », *Libération*, 24 mai 2016.
10. Pap Ndiaye, *La Condition noire. Essai sur une minorité française*, Paris, Gallimard, « Folio », 2009.
11. Manuel Boucher, « Identitaires, identitaristes et mobilisations ethno-différentialistes », *in* Manuel Boucher (dir.), *Radicalités identitaires*, *op. cit.*, citation p. 137.
12. Titre repris de Yvan Gastaut, « Les identitaires. Nouvelle génération d'une radicalisation d'extrême droite dans la France des années 2000 », *in* Manuel Boucher (dir.), *Radicalités identitaires*, *op. cit.*
13. Ce mouvement affirme une théorie inégalitaire des races et des niveaux culturels sur laquelle est défendue une conception racialiste de la nation : voir l'analyse de Pierre-André Taguieff, « Origines et métamorphoses de la nouvelle droite », *Vingtième siècle*, 1993, 40, p. 3-22.
14. Yvan Gastaut, « Les identitaires. Nouvelle génération d'une radicalisation d'extrême droite dans la France des années 2000 », art. cit., citation p. 246.
15. Anne Chemin, Marc-Olivier Bherer, Julia Pascual Séverine Kodjo-Grandvaux, « "Racisé", "racisme d'État", "décolonial", "privilège blanc" : les mots neufs de l'antiracisme », *Le Monde*, 27 juin 2020 : Anne Chemin « Racisme d'État » ; Séverine Kodjo-Grandvaux « Décolonial » ; Julia Pascual « Racisé ».
16. Anthony Cortes, « Blanchité, privilèges, alliés… Pourquoi les jeunes adhèrent-ils tant à l'"antiracisme" racialiste ? », *Marianne*, 11 juin 2020.
17. Manuel Boucher, « L'universalisme à l'épreuve des anti-mouvements identitaristes », *in* Manuel Boucher (dir.), *Radicalités identitaires*, *op. cit.*, p. 179-218.
18. *Ibid.*, citation p. 189.
19. Caroline Fourest, *Génération offensée. De la police de la culture à la police de la pensée*, Paris, Grasset, 2020.
20. Vincent Cichelli et Sylvie Octobre, « La Hallyu ou comment apprendre des petites choses : une éducation au cosmopolitisme par le bas », *Éducation et société*, 2019/2, 44, p. 131-148.

21. Liliane Kandel (dir.), *Féminismes et nazisme*, Paris, Odile Jacob, 2013.
22. Martine Segalen et Agnès Martial, *Sociologie de la famille*, Paris, Armand Colin, 9e édition, 2019, citation p. 20.
23. Olivier Galland, commentant l'ouvrage de Caroline Fourest, *Génération offensée* (*op. cit.*) : « L'obsession identitaire et la question des discriminations », *Telos*, le 13 mars 2020, https://www.telos-eu.com/fr/lobsession-identitaire-et-la-question-des discrimi.htlm.
24. Jean Szlamowicz, *Le Sexe et la Langue*, Paris, Éditions Intervalles, 2018. Son cas est notamment analysé dans François Rastier, « Écriture inclusive et exclusion de la culture », *Cités*, 2020, 82, p. 137-148.
25. https://vigilanceuniversités.wordpresse.com/
26. Nathalie Heinich, « Nouvelles censures et vieux réflexes totalitaires », *Cités*, 2020/2, 82, p. 125-130.
27. Virginie Taquin, « Nouvelles censures identitaires sous prétexte d'émancipation », *Nonfiction*, 27 juin 2020, https://www.nonfiction.fr/article-10386-nouvelles-censure-sidentitaires-sous-pretexte-demancipation.htm.
28. Anne-Sophie Mercier, « Racialisés, décolonisés, etc. Les énervés de la race », *Le Canard enchaîné,* 24 juin 2020.
29. Jacques Julliard, « Contre la guerre civile », *Le Figaro*, 1er décembre 2019.

CHAPITRE DIX

Les jeunes et la politique : entre populisme et exigence démocratique

1. Pierre Brechon, « L'abstention. De puissants effets de génération ? », *in* Anne Muxel (dir.), *La Politique au fil de l'âge*, Paris, Les Presses de Sciences Po, 2011, p. 91-111.
2. *Ibid.*, citation p. 106.
3. Matthieu Goar, « Élections européennes 2019 : EELV est devenu le premier parti chez les 18-34 ans en France », *Le Monde*, 28 mai 2019.
4. Brice Teinturier, « La poussée verte aux élections municipales est la poursuite d'une forme de dégagisme », *Le Monde*, 30 juin 2020.
5. Daniel Boy, « La surprise verte », *SciencesPo.fr*, 25 mai 2019, https://www.sciencespo.fr/fr/actualites/actualit%C3%A9s/%C3%A9lections-europ%C3%A9ennes-la-surprise-verte/4157.
6. Henri Heine, *De l'Allemagne* [1834], tome I, Paris, Ressources, 1979, p. 181.
7. Arnold Arluke et Clinton R. Sanders, « Le travail sur la frontière entre les humains et les animaux dans l'Allemagne nazie », *Politix*, 2003, 64, p. 17-49.
8. Anne Muxel, *Les Jeunes et la Politique*, Paris, Hachette, 1996.
9. Anne Muxel (dir.), *La Politique au fil de l'âge*, *op. cit.*, citation p. 306.
10. Monique Dagnaud, « Le "lol" sur le Net. Un état d'esprit politique propre aux jeunes générations », *in* Anne Muxel (dir.), *La Politique au fil de l'âge*, *op. cit.*, citation p. 181.
11. *Ibid.*, p. 190.
12. Monique Dagnaud fait ici référence à Manuel Castells, *Communication et pouvoir*, Paris, Maison des Sciences de l'Homme, 2013.
13. Monique Dagnaud, « Le "lol" sur le Net. Un état d'esprit politique propre aux jeunes générations », art. cit., p. 192.

14. Robert Castel, *La Discrimination négative*, Paris, Seuil, 2007, p. 167.
15. Vincenzo Cicchelli, Olivier Galland, Jacques de Maillard et Séverine Misset, « Retour sur les violences urbaines de l'automne 2005. Émeutes et émeutiers à Aulnay-sous-Bois », *Horizons stratégiques*, 2007, 1 (3), p. 93-119.
16. Laurent Mucchielli, « Émeute urbaine », *in* David Le Breton et Daniel Marcelli, *Dictionnaire de l'adolescence et de la jeunesse*, *op. cit.*, p. 266-273, citation p. 272.
17. Vincenzo Cicchelli, Olivier Galland, Jacques de Maillard et Séverine Misset, « Retour sur les violences urbaines de l'automne 2005 », art. cit.
18. Alain Touraine, *Après la crise*, Paris, Seuil, 2010 ; « La mobilisation sociale doit précéder la mobilisation politique », entretien avec Alain Touraine, *Revue politique*, hors-série 21, 11 décembre 2012.
19. Cécile Van de Velde, « Une génération indignée ? Les jeunes face à la crise en Europe », *Cahiers de sociologie économique et culturelle*, 2014, 56, p. 13-31.
20. Raffaele Simone, *Si la démocratie fait faillite*, Paris, Gallimard, 2015, citation p. 31.
21. Dominique Schnapper, *L'Esprit démocratique des lois*, Paris, Gallimard, 2014.
22. Raffaele Simone, *Si la démocratie fait faillite*, *op. cit.*
23. Pierre Rosanvallon, *Le Siècle du populisme*, Paris, Seuil, 2020.
24. Jean-Pierre Le Goff, *La Gauche à l'agonie, 1968-2017*, *op. cit.*
25. Raffaele Simone, *Si la démocratie fait faillite*, *op. cit.*, p. 19.
26. Anne Muxel, « Baromètre de la confiance politique – vague 9 », *Sciences Po-Cevipof*, 29 janvier 2018 (https://www.sciencespo.fr/cevipof/sites/sciencespo.fr.cevipof/files/Confiance2018_MUXEL.pdf).
27. « GOV, l'application pour smartphone qui donne le pouls de l'opinion », *Le Monde*, 7 juillet 2015.

CONCLUSION

Génération 2020 : une génération de tous les défis

1. Karl Mannheim, *Le Problème des générations*, trad. fr. de Gérard Mauger, Paris, Nathan, 1990, citation p. 60.
2. *Ibid.*, p. 61.
3. Tribune de Françoise Fressoz et Cédric Pietralunga, « Après le déconfinement, l'Élysée craint un vent de révolte : "Il ne faut pas perdre la jeunesse" », *Le Monde*, 11 juin 2020.
4. Allan Bloom, *L'Amour et l'Amitié*, Paris, De Fallois, 1996 ; 2e éd., Les Belles Lettres, 2018, citation p. 10.
5. Daniel Cohen, « Cette crise sanitaire signale l'accélération du capitalisme numérique », *Le Monde*, 3 avril 2020.
6. Gérard Mendel, *La Crise des générations*, Paris, Payot, 1969, citation p. 125.
7. Thomas Porcher, *Les Délaissés*, Paris, Fayard, 2020 ; https://www.lab-afev.org/observatoire-de-lengagement-des-jeunes-2019-une-soiree-riche-en-enseignements-2-2/.
8. Ifop-*Charlie Hebdo*, « Droit au blasphème, caricatures, droit d'expression… Les Français sont-ils encore Charlie ? », *Pôle « Politique/actualités »*, 31 août 2020.

Remerciements

Nous remercions très chaleureusement Marie-Lorraine Colas, dont la relecture attentive et informée nous a permis de faire progresser ce manuscrit.

Nous remercions nos petits-enfants, qui ont été, tout au long de ce travail, des interlocuteurs et des commentateurs précieux : Adèle, Emmanuel, Gabrielle, Hortense, Jeanne, Marguerite, Maxime, Raphaëlle et tout particulièrement Joseph, qui a donné une forte impulsion à notre projet.

Table

Avant-propos 7

INTRODUCTION – Les nouveaux vingtenaires à l'épreuve 9

CHAPITRE PREMIER – Un nouveau monde : les 17-22 ans 15

Une enquête auprès d'étudiants en sciences humaines et sociales 16

Caractériser sa génération 18

Leurs défis contemporains 22

Pessimistes ou optimistes, les vingtenaires ? 24

Une génération traversée de profondes inégalités sociales et économiques 28

Une sociographie des étudiants 33

Une jeunesse innommable ? Une génération innommable ? 38

CHAPITRE DEUX – Les trois générations du XXe siècle 41

Les trois jeunesses du XXe siècle 42

D'autres repères mémoriaux 50

Une guerre des générations ? 53

Une génération postmatérialiste ? 55

CHAPITRE TROIS – La famille des vingtenaires au prisme des générations 59

Un nouveau contexte de longévité 60

L'importance des liens intergénérationnels 62

La cassure des années 1970 65

Des grands-parents innovateurs 68
La montée de l'égalité des sexes 70
La famille des homosexuels 72
Nouveaux parents, nouveaux enfants 73
L'impossible transmission 75

CHAPITRE QUATRE – Une génération horizontale 79

Enfances numériques 80
Le groupe des pairs 83
Le fossé générationnel numérique 86
Un monde de séries destiné aux jeunes 87
Un nouveau rapport à la question du genre 89

CHAPITRE CINQ – Une génération qui innove 95

Écouter sa playlist 96
Conduites transgressives 101
Consommer la mode, consumer le monde 103
Un nouvel ordre sexuel et amoureux 106
Un nouveau rapport au travail 111
Une jeunesse écolo 116
Une jeunesse mobile et internationale 117
Ce que le confinement a fait à la jeunesse 119
Une jeunesse aidée 122

CHAPITRE SIX – Descendants d'immigrés 125

Comment nommer un ensemble social ? 125
S'épouser 128
Prénommer ses enfants 131
Pratiquer et transmettre la religion 134

CHAPITRE SEPT – Jeunes des « cités » 137

Les trois générations des « cités » 138
Une nouvelle génération de filles 142
Violences adolescentes 143

CHAPITRE HUIT – Une génération saisie par le terrorisme ? 147

Le terrorisme islamiste, un phénomène mondialisé 147

Les jeunes Français et le djihad 149

Séduction amoureuse pour les filles, rites de virilité pour les garçons ? 153

La tentation radicale 157

CHAPITRE NEUF – Une génération sans concession 161

Des mémoires déformées et des universités sous influence 162

Des mouvements identitaires opposés qui se rejoignent dans leur opposition à l'universalisme républicain 164

Une forte mobilisation des jeunes pour protester contre le racisme anti-Noir 167

Les dérives de positions sans nuances 169

De nouveaux censeurs 172

CHAPITRE DIX – Les jeunes et la politique : entre populisme et exigence démocratique 175

Mobilisation pour le climat 177

Des risques de dérives ? 178

Le rapport à la politique d'une génération à l'autre 181

Des violences urbaines sans débouchés politiques 183

Les mouvements de contestation à l'échelle de la planète 185

Un renouveau démocratique ? 187

CONCLUSION – Génération 2020 : une génération de tous les défis 191

Notes bibliographiques 199

Remerciements 215

DES MÊMES AUTEURES
CHEZ ODILE JACOB

Grands-Parents. La famille à travers les générations, nouvelle édition 2007.
Le Nouvel Esprit de famille, avec Nicole Lapierre, 2002.

Cet ouvrage a été composé
en Adobe Garamond Pro
par FACOMPO
à Lisieux (Calvados)

CET OUVRAGE
A ÉTÉ ACHEVÉ D'IMPRIMER
SUR ROTO-PAGE
PAR L'IMPRIMERIE FLOCH À MAYENNE
EN OCTOBRE 2020

N° d'édition : 7381-5375-X – N° d'impression : 96979
Dépôt légal : novembre 2020

Imprimé en France